OHSAMA BUNKO

ついつい誰かに話したくなる雑学読本

なるほど！探究倶楽部［編著］

三笠書房

目次

第1章 「人間関係」がよくなる、とっておきの雑学
――なぜマメな男はモテるのだろう？

RELATIONS

第2章

もっと「能力アップ・生活改善」の㊙雑学

――仕事もスポーツもできる人は、どんなトレーニングをしてる？

RAISING

第3章 食べたら危険⁉「食品の雑学」

――なぜ「甘い物を食べないダイエット」は失敗するのだろう？

FOODS

第4章 犯罪や危機から身を守る「サバイバル」雑学
――なぜ雪山で遭難したら「雪を食べてはいけない」の？

SURVIVAL

第5章
「自然災害から身を守る」雑学
――地震のとき、なぜ「ガソリンスタンド」に逃げ込むといいの？
DISASTER

第6章 知らないと恥をかく「日本のしきたり」

——箸《はし》で人を指したらいけないのは、なぜだろう？

COSTOMS

第7章 病気にならない！「健康雑学」
——健康診断、なぜ大人なのに身長を測るのだろう?

HEALTH

第8章

知らないではすまされない!? 「世界の常識」

――なぜ外国人は時間にルーズなのだろう?

WORLD

第9章 知れば安心!「法律」の雑学

——本籍地が「東京タワー」の人がいっぱいいるって本当?

LAW

第10章 「親と子」の大事な雑学
――なぜ男は子育てが苦手なのだろう？

CHILD

第11章 「お金」を守って増やす㊢雑学

——口座をほうっておくと、お金を没収されるって本当？

MONEY

第12章 間違いだらけの「日本語」の雑学

——なぜ寿司屋で「おあいそして！」は嫌味になるの？

LANGUAGE

編集協力●ユニバーサル・パブリシング㈱
北田瀧／サクラギコウ
イラスト●風間勇人／ながさわとろ

第1章

RELATIONS

「人間関係」がよくなる、とっておきの雑学

なぜマメな男はモテるのだろう？

01 なぜ「女のカン」は鋭いのだろう？

RELATIONS

〝嘘をついたとき〟、男性と女性ではまったく違う行動をとるという統計がある。目の前にいる相手に対して、男性がやむをえず嘘をついたとしよう。そんなとき、ほとんどの男性は相手から目をそらす。**嘘をついた罪悪感と、バレるのではないかという不安から、とても真っ直ぐに相手の目を見ていられない**のだ。

だが女性は違う。嘘をつくと、相手から目をそらすのではなく、逆に相手の目をジッと見つめるケースが多い。これは、女性に罪の意識がないわけでもないし、ましてて、ふてぶてしいからというわけでもない。嘘が見破られないかどうか**不安のあまり、目が離せなくなる**のだ。相手の目の動きや表情から、バレていないか読み取ろうとして、視線が釘づけになるというわけ。

一般的にいって女性は、カンが鋭く、男性の浮気をすぐに見破ってしまう。これは女性が男性に比べ、観察力が優れているから。もともと女性には、男性の4

倍の観察力があるという。女性の脳は、右脳と左脳をつなぐ「脳梁《のうりょう》」というケーブルが太いため、見たり聞いたりした情報を、右脳と左脳を同時に使って判断できるからだ。

左脳は、物事を「推理する能力」や、相手の話のつじつまが合っているか考える「論理力」、時間や数値の「計算力」などに長けている。一方、右脳は色や形の「見分け」、「記憶力」、「直感力」に長けているので、過去の場面との食い違いや、なんとなく様子がおかしい、といったことを発見するのがとても得意。女性は、これらの脳力を、同時に総動員できるのだから、男のとっさの嘘を見抜くなんて造作もない！

ところが男性の場合は、観察時には左脳だけを主に使う。女性のように、過去の発言や、状況などと照らし合わせた総合的な判断が苦手なので、嘘を見破るのがヘタなのだ。

つまり、女性は誰でも名探偵なのだから、男性は女性に対して嘘をつくなど無駄な抵抗はやめたほうが得策なのだ。

02

なぜ目を見れば嘘が見抜けるのだろう？

「目は口ほどにものを言う」というように、目には心理がクッキリ表れてしまうもの。通常、**嘘をつくとき、人は右側・右上を見る。**頭の中で真実ではない、自分の経験ではないストーリーを想像しているのだ。**逆に真実を話すときは左側・左上を見る。**過去の経験や記憶の一場面を思い出していると、目はこちらの方向に動く。

もし女性や子どもがあなたを上目づかいで見たら、あなたに甘えたいというサインだ。話しながら激しくまばたきしていたら、緊張しているサイン。大事なことを打ち明けたいのかもしれない。

人間が笑うとき、まず口に笑みが浮かびはじめ、タイムラグがあってやや遅れて目も笑う。これは自然とそうなるのだ。面白くもないのに笑う愛想笑いでは、笑顔にしようと口では笑うが、目

RELATIONS

は笑わない。そして、口と目が同時に笑うのも表面だけの笑顔だと思っていい。

03

トップセールスマンは、いつもなにをどう話しているのだろう？

RELATIONS

優秀なセールスマンほど、話し上手ではなく、〝聞き上手〟だという。**聞き上手は、〝自分が興味あることを聞き出すのがうまい〟のではなく、〝相手の心を開かせ、本音を引き出すことが上手〟なのだ。**

聞き上手になるには、まず相手の気持ちに寄りそうこと。もし相手が「大事なものを壊してしまった」と話してきたら、「それは大損害ですね」ではなく**「それは、悲しいですね」**と返すのだ。共感してもらったことで相手は心満たされ、あなたを信頼する。相手の気持ちをうまく理解できないときは、あえて質問はしないで、相手の言葉をそのまま「オウム返し」にするのがコツ。「最近、体調よくないんだよ」と言ってきたら**「最近体調よくないんですか？」**というように。

また、聞き上手な人は話を広げるのも上手で、質問や返事で〝本音を聞き出す〟。相手が「すごく綺麗な色のバッグを衝動買いしちゃった」と話してきたときに、「どこでいくらだったの？」と返したら「○○で○○円だった」で終わってしまう。でもここで「へーそれは嬉しかったでしょう！」と返せば、「そうなのよ、好きな色でね……」と話はふくらんでいくのだ。

04

なぜ女性がイスに浅く腰かけているときは、「脈なし」なの？

RELATIONS

友人、仕事の相手、最近ちょっと気になる彼女……。身の回りの相手の女性からどう思われているか、ひと目でわかる方法がある。

例えば、あなたと話をしているとき、彼女が椅子に浅く腰かけていたなら、彼女は、あなたに気を許していない。**椅子に浅く座るのは、「なにかあったらすぐに立ち上がり、立ち去りたい」という心理の表れなのだ。**また、女性が腕組みをしていたら、それは拒否・守りの姿勢だと思っていい。特に、こぶしをつくったまま腕組みをしていたら完全な警戒！　どうしても固く閉ざした心を開かせたいなら、話題を変えたり、冗談を言って和ませたり、食事を挟んでみるのも一計だ。

反対に、女性が胸をせり出すようにしてきたらビジネスとしてだけではなく、個人的にも好意をもっているサイン。昔から「胸襟《きょうきん》を開いて話す」という言葉があるとおり、その場合は、あなたに好意や共感をもっている。

「話すときのしぐさ」でも、心理がわかる。**好意や関心がある場合は、自然と相手のほうにヒザやつま先が向く。**顔はこちらに向けていても、ヒザやつま先が別のほうを向いていたら、それは「できれば離れたい」という心理の表れだ。

また、嘘を見破ることもできる。**嘘をつくと、人は動揺を見破られないように、一番心の動きが表れやすい「目」や「口」を隠したいという心理がはたらく。**ダイレクトに隠す代わりに、顔をしきりとなでたり、鼻、目、眉をこすったりするのだ。

ただし、男性にはこの「しぐさの法則」が当てはまらないことが多いので注意。

05

RELATIONS

なぜ「やっぱり」がログセの女性は、つき合いにくいの？

初対面でも、女性の「しぐさ」を見れば、おおよその性格がわかる。

「やっぱり、ダメなんだ」「やっぱり、好きなんだよね」――この「やっぱり」を多用する女性は一貫性がなく、自分の意見をコロコロと変えることが多い。だから、あまりストレートに彼女の言葉を受け取らないほうがいい。あとで「やっぱりやめた、やっぱり変える！」と振りまわされかねない。

話しながら髪に触れたり引っ張ったりする女性は、物事が思いどおりにいかないストレスを抱え、わがままでプライドが高い傾向がある。男性をじっと見つめたあと、意識的に視線をそらせる女性は、性的欲求を抱えている可能性が高い。

利き腕と反対側の腕を意識的に美しく見せようとする女性は、計算高い。これは心理学者たちの実験によって、統計的にそういう傾向があると出ている。

さらに、お酒の席での「グラスの持ち方」でも性格がわかる。グラスの上のほうを持つ人は明るくて楽天的な人が多く、真ん中を持つ人は、人当たりがよくバランス感覚のいい人で、相手と合わせるのも上手だ。

下のほうを持つ人は内向的でデリケートな人。ときどき両手で持つ人がいるが、そんな人は異性への関心が強く、寂しがり屋だ。グラスを振る人は不安定な人。じっとしているのが苦手で、いつも落ち着きがない人。

06

『モナ・リザ』は、笑っているわけじゃないって本当？

RELATIONS

世界で最も有名な絵画『モナ・リザ』。作者は、そう、発明家・科学者としても有名なレオナルド・ダ・ヴィンチである。

『モナ・リザ』が微笑んでいるように見えるのは、顔の左半分が柔らかく描かれているからだという。人は、相手の顔の向かって左側を見て、その人の感情を判断している。『モナ・リザ』**の向かって右半分は少しきつい表情だが、左が笑っ**

て見えるから微笑んでいるように見えるのだ。

また、**人の本音は顔の左側に出るともいう。**右脳が感情を司っているからだ。相手の向かって右側の笑みが引きつっていたら、それは作り笑いかも。『モナ・リザ』のモデルの女性は向かって右側がきつく見えるから、本当は不機嫌だったのかもしれない。ダ・ヴィンチに何年も同じポーズを強いられ続けたせいだろうか？

『モナ・リザ』が笑っているように見えないという人は、普段も他人の本音に敏感なのだろう。少しでも綺麗に見られたい女性は、右側のメイクに気合いを入れよう。**相手の本音を知りたいときは、その人の左側の表情に注目して見て。**

どっちが笑って見える？

07

「女の浮気」はなぜ修復不可能なのだろう？

RELATIONS

女性はよく「肉体的浮気は許せても、精神的浮気は許せない」と言う。男性は反対に「女性の肉体的浮気はゆるせないが、精神的浮気なら許せる」と言う。なぜ、真逆なの⁉　実は女性と男性では、浮気に対する心理がまったく違うのだ。

男性の浮気は、セックスをしたい衝動が高まったとき、性的欲求を満たすためにすることがほとんどで、相手とすぐ別れることができるし、罪悪感もない。極端な話、性的欲求を満たしてくれるのなら「この人とはムリ！」という相手でないかぎり、誰でも受け入れる。だから女性は、万が一、夫や彼氏に浮気されても、嫌われたわけではないと冷静になったほうがいい。

一方、女性の浮気は違う。**女性は、相手の男性に魅力を感じ、心惹かれないと浮気はできない生き物。**だから、女性が浮気した場合は今の彼に不満だらけの場合が多く、関係の修復は、かなり困難になる。

しかし！　どうしても別れたくないなら、彼女の心のスキマを満たす努力をしよう。心を呼び戻せる可能性はゼロではない。

08

RELATIONS

美男美女は、なぜあまりモテないの？

仕事ができて、親切でイケメンだったら、さぞかしモテるに違いない……と思いきや、実はそうでもない♪（思わず浮かれてしまったが……）イケメンや美女は、人と打ち解けにいくいのだ。なぜかって？

人は誰しも、パーフェクトではない。そのため、相手にも完璧を求めない心理がはたらくのだ。あまりにも見た目がパーフェクトだと、自分にも完璧さを求められるのではないかという危機感を無意識に覚えるので、警戒してしまうのだ。

ほら、親子の間でさえ、「ダメな子ほど可愛い」というではないか。ダメダメなところがある相手ほど、愛着が湧くのが人間心理の面白さだ。

もちろん、一見パーフェクトに見えるイケメンにも、なにかしら欠点や劣等感はあるはずなので、そこを見抜いている異性には大いにモテるに違いない。

人と人が親しくなるには、互いの「自己開示」が必要になる。自己開示とは、自分の内面、プライベートや思想・秘密などを打ち明けること。特に恋人同士になるにはこの自己開示が不可欠。美男美女は、ちょっとした悩み、失敗談などを披露して、自分のダメダメな部分も伝えると、魅力は一気に急上昇する。しかも相手に「返報性」の心理がはたらき、素直に心を開いてくれるようになる。互いの自己開示が進むと、より理解と愛情が深まっていく。

09

なぜ「マメな男」はモテるのだろう？

RELATIONS

心理学に「返報性」という言葉がある。これは相手に好意を示されると、好意を返したくなる心理のこと。人は褒められれば、よほどひねくれた人でないかぎり、褒めてくれた相手に、いい感情をいだくもの。親切にしてもらった相手には、親切を返したいと思うものだ。つまり「返報性」とは、「好意の感情のバランスを保とうとする心理作用」のこと。

男女間であれば、「好きになってくれた人を、好きになりやすい」。だから、**好きな人ができたら、とにかく気持ちを伝え、なにかと理由をつけて会う回数を増やしたほうがいい。**会う機会が増えたら、少しずつ自分のプライベートな情報を相手に伝えてみてほしい。返報性の心理がはたらき、相手も、徐々に心を開き、親しみを覚えはじめ、本音を聞かせてくれるようになるはず。マメな男は、ちょくちょく声をかけたり、会いにいったりすることが自然にできるからモテるのだ。

10

どうして名前を呼ぶと親しさが増すのだろう？

RELATIONS

「人にとって、一番心地よい言葉はなにか？」「それは自分の名前！」という小話がある。この小話は真理を突いている。**人は名前で呼ばれること、名前を覚えてもらうことで、相手に認知されたと嬉しく感じる。**奈良時代以前は、女性が男性に名前を名乗ることとは、求愛に応じるサインだったこともあった。

こんな実話がある。ふたりの大学生A君とB君が教育実習で中学校へ行ったときのことだ。A君は、ユーモアのセンスがあり授業もうまかった。だから休み時間になるとたくさんの生徒がA君を取り囲んだ。B君は生真面目なタイプで、2〜3人が彼の側にいるだけだった。

しかし実習が終わるころには、ふたりの立場は逆転する。A君の人気はガタ落ち、B君の周りにたくさんの生徒が集まるようになったのだ。

原因はA君が生徒を指すとき、「はい、キミ」「じゃあ、次はあなた」というように、名前をまったく呼ばなかったこと。しかしB君はクラス全員の名前を覚え、指名するときも、「古沢君、じゃあ、この問題は?」「三上さん、次を読んでください」と名前で呼んだのだ。名前を呼ぶ効果は絶大だ。

もちろん、名前のほかに、相手の出身地や趣味など、細かい情報を頭に入れて話していけば、コミュニケーションがさらにうまくいくことは、言うまでもない。

特に相手に子どもがいたら、その名前を覚えることも重要だ。「太郎くんは、今年小学校に入るんでしたよね？」なんていうセリフは相手のハートをくすぐる。

11 なぜ人は「期待されると伸びる」のだろう？

RELATIONS

昔々、神話の時代、ギリシアにピグマリオンという王様がいた。彫刻がとてもうまかった王様は、理想の女性像を彫りあげた。王様はその彫刻に恋をしてしまい、彫刻を生きた女性に変えて妻にしたいと願ったのだ。王様があまりにも強く願ったために、愛と美の女神アフロディーテは、とうとうその願いをかなえてやり、王様は彫刻の女性を妻にすることができた。

このギリシア神話がもととなって、「期待することによって、相手がその期待に応えようとする」ことを、「ピグマリオン効果」と言うようになった。

ある心理学者が「成績が伸びる子どものリスト」だと偽って、実際は適当に選んだ子どもたちの名簿を教師に渡した。すると、その名簿の子どもたちの成績が本当に伸びたという。先生の期待に、子どもたちが応えたのだ。

人は常に、相手の期待に対して敏感に反応しようとしている。会社で社長から直々に「期待しているよ」と声をかけられたら、張り切らない人はいないはず。ピグマリオン効果を利用すれば、部下や生徒、自分の子どもの成績をアップさせることができるのだ。

12

どうしたら、やる気のない部下がやる気満々になるのだろう？

RELATIONS

やる気のない部下に、やる気をもって仕事をさせるには、どうしたらいい？

人は、自分の利益になるようにしか動かない。つまり自分にとって得になるとか、面白そうだと感じないと、やる気をもって取り組まないのだ。だから上司は、働いたら働いた分だけ、部下にメリットが出る職場にする必要がある。

営業なら、歩合制や売上げをボーナスに反映させるなどの方法がある。企画職なら、大きな仕事を任せる方法もある。やれば結果につながる、評価されるとなれば、やる気も自然と起きるもの。

また、部下と誠意をもって接し、信頼関係を築くことができれば、「上司を喜ばせるためにいい仕事をすること」が部下にとっての喜びになることもある。そうすれば、どんどん自分から仕事をしてくれるはず。

また、「怒る」と「叱る」は違う。部下に遠慮して「叱る」ことをせず、ただ褒めてばかりでもダメ。「あの人は誰でも褒める」となってしまえば、ありがたみがないからだ。**いつも厳しい上司に褒められてこそ、「認められた感」が湧き、やる気につながる。**

「叱りながら褒める」というテクニックもある。「○○君らしくない失敗だなぁ」と言えば、日頃の能力を褒めながら、失敗を叱ることができる。

褒めることがどうしても苦手な人にお勧めなのが、「間接褒め」だ。直接本人を褒めるのではなく、別の人に何気なく「あいつ頑張ってるな」などともらしておくのだ。もちろん、本人に伝えてくれそうな人を選ぶのもポイント。「この前、課長がお前のこと褒めてたぞ」という一言が間接的に伝われば、「ボクは未熟で嫌われていると思っていたけど、そんなふうに考えてくれていたんだ！」と感激するはずだ。直接褒めると、人はそれが本心かお世辞か疑う性質があるが、人伝てに褒められると、なぜか真実だと感じることが多い。

▼どういうのが上手な褒め方なのだろう？

褒めることで最も大事なことは、タイミング。**うまくいったその瞬間に褒めること。**そしてまた、当たり前のことを当たり前にやっている人をしっかり褒めることを忘れないのも重要だ。**結果だけでなくプロセスも褒めると「ちゃんと見ていてくれていたんだ」という意識が生まれ、やる気にもつながる。**そして、真に褒め上手な人は褒めたあと、次に目指すべき目標を示す。

叱ることで最も大事なのは、「まずなにを叱るのか明示する」ことだ。相手が「なぜ叱られるのか」わかるように、できるだけ短く、そして明るい態度で叱るのがコツ。監督者として私にも責任があるという気持ちをもって、「事情をよく聞いてから叱る」「逃げ道を残してやる」などのテクニックも必要になる。

13

あいさつひとつで好感度が上がるのは、なぜだろう？

RELATIONS

人は他人の体調や機嫌を、朝会ったときのあいさつひとつで判断していると言える。「今日の課長は機嫌が悪そうだ」とか「疲れているみたいだ」「私に対していい感情をもっているな」とか。だから、あいさつをしないでいると「機嫌も体調も、最悪です！」というメッセージを、周囲に送ってしまうことになる。あなたにそんなつもりはなくても、ケンカを売り歩いていることになっているかも！

特に職場では、たとえ相手があいさつを返さなくても、自分からきちんとあいさつをしたほうがいい。毎朝爽やかにあいさつをしたら、それだけで周囲への印象がよくなる。誰だって、気持ちのいい人と仕事をしたいと思うものだ。

もともと「おはよう」は「お早くから、ご苦労様です」という意味で、「こんにちは」は「今日は、ご機嫌いかがですか」、「こんばんは」は「今晩は、よい晩ですね」という意味だ。「さようなら」は「さようならば（もうご用がないので

したら）失礼いたします」を略したもの。たった一言の中にもこうした意味合いが含まれているから、相手を気づかっている思いが伝わるのだ。

14

"気になる人"と話すとき、なにを話題にするといいのだろう？

RELATIONS

恋人たちが別れる理由に「価値観が合わない」というのをよく聞く。実はこれは、思っている以上に深刻な問題だ。価値観が合うとは、「類似性」があるということ。類似性は、人と人がうまくつき合えるかどうかの、重要な決め手になる。

心理学で言う「類似性の法則」とは、**「人は自分と似た者に好意をもつ」**ということ。同じ環境、同じ価値観をもっていれば、それだけでお互いの心の距離がぐっと縮まるのだ。

好きな人ができたら、自分との類似性を探そう。似ている所はないか、同じような考え方をしていないか、出身地・出身校……なんでもいいから、できるだけたくさん見つけよう。**そして類似性を見つけたら、それをネタに声をかけてみよう。**「私も、それ好き！」とか「知りたい、教えてよ」などと、「あなたの関心事に私も興味があります」と意思表示するのだ。辛いものが好きだとか、同じ映画が好きだとなれば、一気に話が盛り上がり、一緒にいることが楽しくなる。たちまち意中の人の心のガードはゆるみ、あなたに関心をもってくれるはずだ。

15

「声をかけるのがうまい人」「そうでない人」の違いって？

RELATIONS

心理学用語に、「パーソナルスペース」あるいは「ヒューマンスペース」という言葉がある。他人がそれ以上近づくと不快に感じる心理的距離、つまり心のバリアのことだ。これは好きな相手ほど小さくなり、相手が近くにいても不快にならない。苦手な相手や攻撃される恐れのある相手には、グンとスペースが大きくなる。

一般に、親密な家族や恋人ならば0〜4㎝。友人などは、ふたりが手を伸ばせば届く程度の距離45〜120㎝、あらたまった場所や仕事での上司との距離は「社会距離」とも呼ばれる120〜360㎝、演説や公式の場では「公衆距離」で、360㎝以上。

この距離には個人差があり、男性と女性にも差がある。一般的に女性より男性のほうが距離は大きく、また日本人は、外国人よりも大きい。

男女の場合、この距離を縮めれば縮めるほど親しくなれる。ただ、やみくもに近づくのではなく、不快感をもたれないよう、自然に寄り添えるような夜道をふたりで歩くときや、比較的スペースが狭くなっている横からなどが、チャンスだ。誰に話しかけても嫌がられないような人は、無意識にでも、このパーソナルスペースをうまく活用しているのだ。

16

「呼吸を合わせる」と仲よくなれるのはなぜ？

RELATIONS

人は自分と共通点が多い人に興味や好意をもつから、相手に「類似性」を感じると、「この人と私、気が合うなあ」と思う。では類似性がない場合、または見つけられない場合はどうしたらいいのだろう？ **そんなときこそミラーリング効果を使って、相手に類似性があるように思わせればいいのだ。ミラーリングとは、ごく好きな人のしぐさや行動を無意識のうちに真似ること。優れた営業マンは、ごく自然と客の動作を真似ることができる人が多い。**

相手がコーヒーに砂糖をひとつ入れたら、いつもはブラック派だったとしても、砂糖をひとつ入れてみよう。このようなちょっとした動作は、案外相手に見られているもので、「あれ、砂糖1個、俺と同じだ！」と、意識の底にうっすらと残る。相手がコーヒーを飲んだら、自分も飲む。ただし、あくまで「さ

りげなく」することが大事。相手に真似されていると悟られたら逆効果だ。つまり、ミラーリング効果はあくまでも、相手が無意識のうちに「あれ、こいつ俺に似ているかも」と感じとらせてこその効果なのだ。

17 なぜ「どうしても好きになれない人」がいるのだろう？

RELATIONS

「苦手な物」「嫌いな人」が増えれば増えるほど、この世は生活しにくくなる。交友関係も狭まり、せっかくのチャンスも逃しがちになる。よく言われる「苦手意識」というのがあるが、この苦手意識を克服する方法として、心理学に「投影」という手法がある。投影とは「心の状態や考え方を、人や物に映し出す」こと。

例えば、同じ絵を見たとしても、Aさんは、その絵を「幻想的で美しい」と思い、Bさんは「気持ちの悪い絵だ」と思ったとしよう。**この場合、絵を見たときのふたりの心が絵に映し出されている。**つまりAさんは「気持ちがいい」という心の状態が、Bさんは「辛い・寂しい」などという感情が映し出されたのだ。

▼投影で自己改革

投影はうまく使えば、自分の心の中の状態を知ることができる。**我慢していることや抑圧していることを見つけられるのだ。もちろん逆に、自分自身の魅力を見つけることもできる。**〝投影のメカニズム〟を知ることで、「苦手意識」から解放される場合もあるのだ。

「どうしても好きになれない苦手な人」がいるなら、「その人の苦手なところは、自分自身の中にもあるものだ」と思ってみよう。人は無意識のうちに、自分の中にある嫌いな部分を他人に投影し、そして相手を批判することで心の安定を図っているのだ。**つまり、相手の嫌いなところが自分の中にもあるということを認めたくないから、相手を否定する。**そうして苦手なものにフタをして見ないようにするので、いつまでたっても、「苦手意識」を解消することができないのだ。

このメカニズムがわかれば、「相手のことを嫌いなのは、その嫌いな部分が自分にもあるからだ」という認識ができ、苦手意識を克服できるようになる。

第2章

RAISING

もっと「能力アップ・生活改善」の㊙雑学

仕事もスポーツもできる人は、どんなトレーニングをしてる？

01

なぜ野球選手は、試合中にガムを噛《か》むのだろう?

ガムを噛みながらプレーしているプロ野球選手を、よく見かける。「仕事中にガムを噛むとは何事だ!」と非難する人もいるが、これにはれっきとした理由があるのだ。「噛む」ことは、もろに脳の活性化につながるのである。

ものを噛むときに使うのが、咬筋《こうきん》という筋肉。この筋肉は、三叉《さんさ》神経という脳神経と連動していて、動くたびにその刺激が脳に伝わって集中力が高まる。**しかも、ガムを噛むと打者がバットを振る瞬間の筋力が、約5パーセントもアップするというデータもある。**メジャーリーグの選手は、ガムだけでなく、ひまわりの種や噛みタバコを噛むことも多い。

「噛む効果」はスポーツだけではなく、勉強のときにも使える集中力アップ法だ。しかも、リラックス効果やストレスを軽減する効果もあり、眠気覚ましにもなる。固い食べ物が少なくなった昨今、ガムを噛んで、脳を刺激する機会を増やそう!

RAISING

02

「カツラ」と「植毛」、どっちが得?

RAISING

「カツラ」と「植毛」、一体どちらが得なのだろうか?

「植毛」は、頭皮に直接、毛髪を植えるもの。ずれる不安がまったくないのが嬉しい。「人工植毛」は、拒絶反応を起こすデメリットがあるため、最近は「自毛植毛」が主流になっている。毛が抜けるのには、男性ホルモンが関係していて、側頭部や後頭部の毛は、男性ホルモンの影響をほとんど受けないために残っていることが多い。その部分の髪の毛を、毛包という髪の毛を生みだす毛根組織ごと採取して、気になる部分に移植する。採取した箇所も植毛した箇所も、ともに髪が生えはじめて、昔の髪の毛いっぱいの自分を取り戻せる。**しかもメンテナンスなしで、一生フサフサ!** ただし費用は、保険が適用されないため高額だ。本数や面積で費用が決まり、抜け毛の進行が初期の段階で40~60万円、かなり進行した段階で120~140万円くらいかかるケースが多い。

一方、カツラは手術の不安やリスクもなく、つけた瞬間に髪の毛がフサフサ状態となる。40~80万円の価格帯が中心で、それより安価なものは不自然だし、ズレたり外れたりしてメリットはないようだ。高級カツラは自然でバレることはないが、耐久性に限界がある。製品によっては5年程度で買い替えが必要となり、メンテナンス費用がかかる。仮に20年使うとしたら200~400万円になる。さらに、カツラであることを常に気にしていなければならない精神的負担も考えると、やっぱり「植毛が得」ということになるのではないだろうか。

03

新車を買うなら、「黒」や「白」が得なのは、なぜ?

RAISING

中古車は、車種やグレード、装備がまったく同じでも、ボディの色によって価格が大きく変わる。人気色かどうかで、10~50万円も価格が違ってくるのだ。

人気色は、そのときのブームによって変わるが、一般的に、黒、ホワイトパール、白。同じ条件で一番人気の黒が188万円なのに対し、二番人気のパールの車は153万円、ピンクや黄色は、色が不人気だからというだけで50万円近く安かったという例もある。ちなみに、スポーツカーのような、趣味や遊びとしてもつ車には、このランキングは当てはまらない。目立って個性を発揮できる赤や黄色は人気だ。

新車を買うときにも、色は重要になってくる。新車は原則、何色でも値段は同じだから、不人気の色を買ってしまうと、売るときに損をすることになる。**乗りつぶすつもりがないのなら、無難な黒、ホワイトパール、白を選ぶのが賢明だ。**車だけでなく、スーツケース、時計など、多くのものにこの法則は当てはまる。

RAISING 04

「事故車」は、どこを見れば見極められるのだろう？

中古で車を買う場合、注意しなければならないのが事故車かどうかの見極めだ。

大きな事故を起こした車の場合、３つのリスクがある。第一に、故障や不具合が出やすいこと。せっかく安く買っても修理代がかさみ、かえって高くつく。

第二に安全性。一度修理を加えた金属は、新品ほどの強度は保てない。メーカーが保証した安全性が確保できずに、ぶつかったときにぺちゃんこになる。

第三に、下取りや買取りのときの評価が大幅に下がって、結局損をしてしまう可能性がある。素人が事故車を見抜けなくて高く買ったとしても、プロの目はごまかせない。

ボディの横側、ステップのあたりに注目。

ではどうしたら事故車を見極められるのだろう？　**まずボンネットを開けて、そこにサビがないかをチェック。**数ミリ程のごく小さなサビも見逃さないように。車は、普通に使っていればサビが出ることはまずない。サビが出るのは海の近くで長く使用されて起こる塩害や、事故によるコーティングの欠損に限られるのだ。

もうひとつ重要なのは、「フレーム修正機」の爪跡があるかないか。これは事故で曲がったフレームを修正するために使われる機械で、中規模・大規模事故の際に使われることが多い。その痕跡は、車をジャッキアップするボディサイドのステップ部分に残る。ここにギザギザがあったら、事故車と見て間違いない。

しかし、事故車すべてがいけないわけではない。小さな事故を起こしたために販売価格が下げられている場合は、かえってお得なケースも多いのだ。

05 「ホッケを出す回転寿司店はうまい」のはなぜだろう？

RAISING

おいしい回転寿司店の見分け方を紹介しよう。**店内に入ったらまず、味噌汁のメニューを確認だ。**「魚のあら」は、魚を丸々一匹さばかなければ出ないから、「あら汁」があれば、生の魚をちゃんと店内でさばいている証拠。最近では解凍すればそのまま使える冷凍の寿司ネタが多く出回っており、冷凍物を使う店は、あら汁がない。冷凍技術が進歩しているので、それでも充分おいしいのだが、やはり寿司屋では、新鮮な生の魚を食べたいものだ。

次に店内を見回そう。**定番メニューのほかに、「本日のおすすめ」あるいは「季節限定メニュー」があるだろうか？** 回転寿司ではあまり見かけない魚があったら、その店は鮮魚の仕入れに力を入れている証拠だ。例えばホッケ。干物でよく食べる魚だが、実は脂がのっていて、刺身や寿司でもおいしい魚だ。ただ、急速に鮮度が落ちるので、よほど新鮮でないと生では食べられないから、ホッケを出している店は信用していい。ほかにも、新鮮でないと生で食べられないボラやカマス、太刀魚《たちうお》などがあれば、その店はおいしい可能性が高いといえる。

▼どんなシャリが、うまい寿司のあかし？

回転寿司は、「すべてロボットが握る店」と、「ロボットが握ったシャリ玉を職人さんがネタをのせて握り直す店」と、「すべて職人さんが握る店」の3タイプに分かれる。シャリだけを見てみると、握り方の良し悪しがわかる。いい握り方はふんわりとして米粒の間に空気が入っていて、なおかつ、手でつまん

でも崩れない。そこに職人の技があるのだ。機械では、なかなかそうはいかない。強く握ると空気が抜け固くなり、柔らかく握ると崩れてしまうのだ。

06 仕事もスポーツもできる人は、どんなトレーニングをしてる？

RAISING

1976年のモントリオールオリンピックでは、旧ソ連が断トツのメダル獲得を成し遂げ、金メダル49個、銀メダル41個、銅メダル35個と圧勝した。ちなみにアメリカは金メダル35個、銀35個、銅25個。

その後、旧ソ連選手たちがイメージトレーニングを取り入れていることがわかり、それが勝利の秘訣に違いないと一大ブームとなった。今では一流になるには、イメージトレーニングをするのが常識となっている。

イメージトレーニングとは、体を動かすことなく、自分が完璧に競技をこなしている姿をイメージすることで、技術や戦術を向上させる訓練。**脳の運動野の一**

部は、実際に運動しているときよりイメージしているときのほうが活発にはたらいているというデータもある。

これは、仕事にも生かせる。例えば、商談に向かう際、顧客とのやりとりでうまく切り返している自分の姿をイメージしてみる。トラブルの処理、重要なプレゼン、言いにくい報告を上司に伝えるなど、様々なビジネスシーンに応用できる。

また一流のスポーツ選手は、金メダルを取って表彰台の一番高い所に立ち、手を振って観客の応援に応えている自分の姿をイメージするという。

目標を達成した後のことを、できるだけ具体的に視覚化してみよう！

07 どうしたら、マグロをおいしく解凍できる？

RAISING

マグロは解凍に失敗すると、味が落ちてしまう。なぜだろう？　マグロの肉は、ある温度帯になると肉色素のミオグロビンが酸化して、色も品質も劣化してしまうのだ。その温度帯とは、表面ではマイナス3～マイナス4℃、内部ではマイナス6～マイナス7℃付近。まさに解凍している最中に、最も味が落ちやすくなるのだ。**だから上手に解凍するためには、マイナス3～マイナス7℃の温度帯をいかに速く通過させるかが重要になる。**

家庭で購入するのは200g前後のサク（板状になったもの）が多いので、その場合の解凍方法を説明しよう。

まず、約40℃のお湯に濃度3パーセントの塩を入れる。そこへマグロのサクを入れ、1分たったら取り出して真水で洗い、表面の水分や汚れを布などでよくふき取る。キッチンペーパーか布に包んで、冷蔵庫で20～30分自然解凍する。完全に解凍しないほうが包丁で切りやすいから、少し早めに冷蔵庫から出して切ろう。これで、おいしいマグロが食べられる。

08

スーパーの良し悪しが、なぜ「肉売り場」でわかるの？

RAISING

いいスーパーマーケットと、悪いスーパーマーケットを見分ける方法を紹介しよう。**まず、精肉コーナーでピンクの蛍光灯を使っている店は要注意。**ピンク色の光で鮮度をごまかそうとしている可能性が高い。マグロの売り場も同様だ。パックは手にとって別の場所で見て、色をしっかり確認しよう。

また、いいスーパーは店員の知識が正確で豊富だ。見かけない商品があったときは、調理法を聞いてみるといい。きちんと答えてくれるスーパーなら、間違いないと言っていいだろう。

内部事情をよく知るパートタイマーたちが、自分が勤めているスーパーで買い物をする場合も、いいスーパーの証拠。女性はシビアなので、自分が勤めているからといって義理で質のよくない商品を買うことは、まずないからだ。

生野菜は重ねると傷んでしまうので何段にも積み重ねているスーパーは敬遠し

たほうがいい。レタスを半分にして売っていたら切り口を見てみよう。赤く変色しやすいレタスの切り口が透明だったら、ほかの商品も新鮮だと考えていい。

09

電気代をガッツリ節約するには、どうしたらいい？

RAISING

ひとり暮らしや共働きなどで日中留守にすることの多い家庭なら、電力会社のナイトプランがお得だ。例えば、東京電力には「おトクなナイト8」と「おトクなナイト10」のふたつのナイトプランがあり、「ナイト8」は夜11時～朝7時までの8時間、電気代が70パーセントも安くなる。ただし、それ以外の時間帯では電気代は20パーセント高くなる。掃除・洗濯や食事の支度などを朝7時までにすませてしまえば、かなりお得なプランだ。

「おトクなナイト10」は、夜10時～朝8時までの料金が60パーセントお得になるプランだ。ただしそれ以外の時間帯は40パーセント増しになる。

これは、昼間に集中する電力消費を夜間に分散させたい電力会社の思惑が関係している。各電力会社に申し込めば、このサービスが受けられる。試しに1カ月間、切り替えてみて、去年の電気料金と比較して得していたら続け、損していたらもとの料金プランに戻せばいい。解約しても違約金がかかるなどの心配はない。

ところで、あなたは自分の家の契約アンペアをご存じだろうか？　一般家庭では、30～50アンペアが多いが、それを10アンペア下げるだけで、基本料金が月額で250円程度安くなる。アンペアを下げると使える電気量も少なくなるので、自然と節電するようになり、年間で5000円以上の節約ができる。ただし、こちらはナイトプランと違い、変更したあと1年間は再変更できないから、慎重に判断しよう。

意外とバカにできないのが待機電力だ。**実は家庭における電気代の約10パーセントが待機電力なのだ。**1カ月の電気代が1万円の家庭では、待機電力を使わないだけで年間1万2000円も得をする。いちいちコンセントを抜くのが面倒だという方には、電源スイッチつきOAタップがお勧め。これを使えば一気に無駄な待機電力をカットできる。

10

英語が苦手な人が、海外旅行で使うといい一言って?

RAISING

英語が苦手な人が海外旅行に行くとき、これを覚えておけば安心というフレーズがある。

それは、「Is there anyone who can speak Japanese?」(日本語がわかる人がいますか?)だ。観光地のホテルやレストランなどには、日本語がわかるスタッフがいることが多いので、まずこのフレーズを発してみよう。

欧米人、特にアメリカ人は、世界中の人が英語を話せるという奇妙な思い込みがあるらしく、こちらの英語力などおかまいなしに日常会話のスピードで話しかけてくる。**だから、「自分は日本人だ。英語はうまく話せない」と最初に言っておく必要がある。**そうすればスピードや使う単語などに気をつかってくれるようになる。ただしこのとき、あまりキレイに発音してしまうと「なんだ、英語ができないって言ってるけど、できるじゃないか」と思われてしまって効果が薄れるので、ワザと日本式のカタカナ発音でヘタに話すと、納得してくれる！

11

今すぐ、カラオケがうまくなるワザって？

RAISING

てっとり早く、カラオケがうまくなるには？　時間がなくてトレーニングができなくても、ちょっとした裏技を使えば、かなりうまく聞こえるようになる。

まず、選曲。音域の狭い人が音域の広い曲を歌っても、うまく歌えるはずがない。自分の音域を知ろう。また声の質も大切だ。かすれた声ならロック系など、声質に合わせた選曲を。**できるだけ自分と声が似ている歌手の曲を選ぶようにしよう。**

マイクは、丸い部分を持つとキーンと鳴るハウリング現象が起こってしまうので、丸い部分から3㎝ぐらい下を持つといい。カラオケのマイクは、口に対して平行の音を拾いやすくできているので、立てずに、ヘッドの部分が顔と平行になるように持つ。口からの距離は数㎝が理想。小さい声のときは近づけ、大きい声のときは少し離すようにするといい。**調節できるカラオケならスピードを上げて歌うと、音程などがごまかせるのでうまく聞こえる。**

以前の採点式カラオケでは、音程がはずれていないことと、「感情をこめない」「ビブラートや強弱をつけない」ことが高得点の条件だったが、最新のカラオケ機では、採点基準がだいぶ違ってきている。音程重視は変わらないが、少しリズムを遅らせる「ため」は、極端でなければ減点とならない。**また10秒以上ビブラートをかけると高得点が期待できる。声に強弱をつける「抑揚」も大切だ。「しゃくり」とは本来の音程から少し低音で入って、そこから本来の音程に戻すテクニック。**２０１０年に大ヒットした坂本冬美さんの『また君に恋してる』のサビの部分が参考になる。これらのテクニックをマスターして歌えば、カラオケがより楽しくなるだろう。

口とマイクが
直線上に位置
するイメージ

12

「ブラック企業」は求人広告で見分けられるって本当？

RAISING

低賃金で長時間労働、ノルマが過酷、法定外の残業をさせる。とても入社を勧められない、そんな「ブラック企業」に就職してしまったら、最悪の場合は過労死の可能性もある。ではどうしたらブラック企業を見分けられるのだろう？

ブラック企業は、すぐに社員が辞めてしまうために、年中社員を募集している。**求人広告を毎週のように出している企業は要注意だ。さらに、正社員の比率が低く、非正規社員の比率が高いこと、社員の平均年齢が低く勤続年数が短いのも、わかりやすい特徴。**求人広告で「若くても責任ある仕事」「実力主義」「独立・起業のチャンス」を売りにしている企業は、要注意だ。

▼では、どこを見るとわかるのだろう？

実際に採用面接に行ったら、社員たちの言動を注意深く観察しよう。緊張していてそんな余裕がない！　と言いたいかもしれないが、そもそも面接は、企業があなたを評価するだけではなく、あなたも会社を評価しなければならないのだ。

まずは、社員が〝きちんと元気に〟あいさつをしているか？　みんなつまらなそうで、笑顔がない会社は要注意だ。職場とは無関係なホテルや別会場で面接をする会社にも気をつけたい。優良企業なら職場を見せたがるはずだが、それを隠すのはなにか問題がある可能性が高い。給料や休日の質問をすると、曖昧な返事しか返ってこないところも多い。

実際に働いてみてブラック企業だとわかったら、迷わず辞めよう。あなたの経歴になんのプラスにもならないだけでなく、時間と労力の無駄になる。

13

食材の無駄がゼロになる保存法いろいろ

RAISING

安売りしてたからつい大量に買ったけど、食べきれずに腐らせてしまって、結局大損した……なんて経験あるよね？　食材の無駄をゼロにする保存方法を紹介しよう。生ものは、新鮮なうちに冷凍するのが一番。急速冷凍すれば味は落ちにくい。それには、一度に使う量で小分けにし、空気をしっかり抜いてラッピングしたら、熱伝導率の高いアルミのトレイに乗せ、周りに保冷剤を置いてフリーザへ入れる。細菌は空気のない環境や低温の環境では繁殖できないからだ。

パンを常温で長期間保存するには、密閉できる容器に入れて、消毒用のアルコールを浸した紙を側に入れておく。普通なら2週間も経てばカビで真っ黒になってしまうはずのパンが、これだけでまったく変化せず、保存できる。

また、**リンゴやバナナは、野菜と一緒に保存してはいけない**。これは、リンゴやバナナがエチレンガス、別名「成熟ホルモン」を出すからだ。このガスは、果物を熟させるにはいいのだが、野菜などは鮮度が早く落ちてしまう。

米は、精米せずに玄米のまま冷蔵庫に入れておくと、数年はおいしく食べられる。卵はとがったほうを下にすると長もちする。泥つきのネギは泥を洗わずにそのまま、風通しのよい場所に立てて保存するか、畑に生えていたときのように、土の中に軽く埋めておいてもよい。使いかけのものはラップに包み、根の部分を下にして冷蔵庫の野菜室に立てて保存すると痛みが少ない。

14 「賃貸」と「持ち家」どっちが得？

RAISING

賃貸か、持ち家か？　いったい、どちらがいいのだろう？　仮に賃貸で20年間、毎月家賃20万円を支払い続けたとすると4800万円。4800万円のマンションを35年ローンで購入すると、4パーセント程度の固定金利なら、ひと月当たりの返済額はおよそ20万円。**35年以上住めば、買ったほうが金額的には、得となる。**

しかしほかにも考慮すべき要素はある。もし頭金に相当する額を、資産運用に回していたら資産が増えていたかもしれない。持ち家は住んでいる間に建物の価値はどんどん下がり、減価償却していくわけだが、賃貸の場合は、古くなって嫌になったら別の物件に住み替えればいいので身軽、というメリットがある。また持ち家の場合は固定資産税や修繕費がかかってしまうし、災害などで家を失えば、ローンだけが残る。歳をとれば、管理も修繕もおっくうになる。近所に変な人がいるからといって、簡単に引っ越すこともできない。一方、賃貸の場合はいくら家賃を払ってもなにも残らない。自分の子どもに譲ることもできないのだ。

身軽でいたい人は賃貸、手入れなどあらゆる手間が苦にならないという人は持ち家がいいだろう。

15

なぜ相場の70パーセントオフで、不動産を買えるの？

RAISING

不動産を安く買う方法に「競売《けいばい》物件を買う」という選択肢がある。

〝裁判所で扱っている不動産物件〟は、借金が返せない人から裁判所が強制的に取り上げて競売にした物件だ。**価格は相場の3～7割と格安で、企業だけでなく一般の人でも入札することができる。**

しかしリスクもある。まず、強制的に売却されるので、引渡しが保証されない。

期日が来ても「入居者が退去しない」などの事態が発生することがあり、引渡し訴訟が必要となることがある。鍵の受け取りも保証されず、規則上、建物内部を事前に見ることもできないので、買ってから修繕が必要になる場合もある。

このようにマイナス面も大きい「競売物件」だが、それでも価格が安いために、多くの一般の人が、専門家にアドバイスしてもらいつつ購入している。インターネットで「不動産競売物件情報」と検索すれば、多くの仲介業者があって、全国の競売物件を知ることができる。面倒な手続きを代行してくれる業社もある。

16 「復縁屋」という商売があるって、本当？

RAISING

「復縁屋」という商売をご存じだろうか？ **別れた恋人との仲や、壊れてしまった親子関係を修復してくれるのが復縁屋だ。** といっても、両者の間に入って仲裁をするようなことはしない。まるでスパイのように様々な復縁工作を極秘で仕掛けていくのだ。

まず、ターゲットと依頼者の事情などについて詳しく調査し、ターゲットの性格を分析する。必要ならターゲットを尾行したり、家に張り込みをして情報を得ることもある。その後、工作員が直接ターゲットに近づいて親しくなり、復縁するように工作する。

例えば、恋愛の復縁では、友人関係を作った工作員が恋愛相談にのるフリをしてターゲットの本音を聞き出す。そして依頼者に未練があるのかないのか、などを探る。そして機が熟した頃に、偶然を装わせて依頼者と再会させるのだ。

復縁屋はほとんどが探偵業を兼ねている。費用は数十～数百万円と差がある。覆水《ふくすい》を盆に返せるかどうかは保証できないが、焼《や》け木杭《ぼっくい》に火がつくことはあるかも。

第3章

FOODS

食べたら危険!?
「食品の雑学」

なぜ「甘い物を食べないダイエット」は失敗するのだろう？

01

牡蠣《かき》に当たると、なぜあんなにひどい目に遭うの？

FOODS

食中毒とは、食品の加熱不足などによる「細菌感染」が原因の急性胃腸炎のことだ。下痢・嘔吐・発熱などを引き起こし、入院が必要となる場合もある。これは誰でも1度は経験しているだろう暴飲暴食による食当たりとは、まったく違うものなのだ。

食中毒には、フグの毒や毒キノコなどのように、食べ物に含まれている「毒物」を食べて発症する場合と、食べ物に付着した細菌やウイルスが消化器の中に定着して増えて発症する場合とがある。だから言うまでもなく傷んだり古くなったりしたものは食べないほうがいい。

ところで、よく牡蠣に当たるとほかの食中毒よりひどいという話があるが、なぜだろう？　確かに貝毒もあるのだが、流通しているものはきちんと殺菌処理されているので問題にならない。**牡蠣で当たるのは、開封したあとに付着した細菌、**

特にノロウイルスが原因だ。ノロウイルスは加熱することで感染を防げるが、牡蠣は生で食されることも多いから危険。加熱用で販売されているものは、風味を残すために軽い殺菌処理しかしていないこともあるから、絶対に生で食べてはいけない。

また、ノロウイルスは食品の鮮度にかかわらず付着しているし、調理者の手指から移ることもある。買ったばかりだから安全、ということはないのだ。

牡蠣などの2枚貝はノロウイルスが混じった海水の中で呼吸を繰り返して、体内にどんどんウイルスを蓄積していく。ほかの食品に比べて、たっぷりとウイルスを抱えているのだ。それを食べてしまえば、症状が重いのも頷ける。ちなみに、ノロウイルスの検出量ではシジミが一番多いのだが、シジミは味噌汁などにして加熱することがほとんどだから、被害がない。

一番いいのは鍋やフライにすることだが、やっぱり生もおいしいから食べたくなる。牡蠣の生食は、まさに占いと同じで当たるも八卦、当たらぬも八卦！　当たらないことを祈るしかない！

02

「食べ合わせが悪い」って、本当にあるの？

FOODS

食べ合わせと一口に言っても、迷信に近いものから、科学的根拠のあるものまで様々。科学的根拠のある例として、「かき氷と天ぷら」がある。冷たいものと脂肪分が多いものを一緒に食べると、胃腸に負担がかかりすぎて体によくない。

一緒に食べることで、栄養価が落ちる組み合わせもある。例えば、「大根とニンジン」。これはニンジンに含まれるアスコルビナーゼという物質が、大根に含まれるビタミンCを破壊してしまうのでよくない。また「シラスに大根おろし」は、シラスに含まれる栄養素、必須アミノ酸リジンの吸収を、大根のリジンインヒビターが邪魔する。せっかく食べても栄養が吸収されなくなってしまう。

また、「納豆と生卵」もよくないコンビだ。納豆に含まれる皮膚の機能を正常に保つビタミン、ビオチンの吸収を、卵の卵白に含まれるアビジンが妨害してしまう。これは納豆に入れるときは、卵黄だけにすれば解決できる。

発がん性物質が生まれる食べ合わせもある。特に、加工食品に含まれる保存剤・着色料・防カビ剤・発色剤などの「食品添加物」が、特定の物質と結びつくことで発がん性物質を作り出す。その結びつきのメカニズムは多様で、しかも複雑なので、食品添加物を多く含む加工食品はできるだけ避けることをお勧めする。

▼体にいい食べ合わせには、なにがあるだろう?

例えば**「アサリと山芋」**。山芋はインスリンの分泌を促進し、さらにアサリに含まれるタウリンがインスリンの効果を高めてくれる。これは、糖尿病の食餌療法にもなっている。**「レバーとアサリ」**なら貧血予防、**「エビやイカとアサリ」**ならスタミナアップが期待できる。このように、ひとつの食材でも食べ合わせる食材によって様々な効果が生まれる。食べ合わせを意識したレシピを紹介しているウェブサイトや書籍もあるので、自分や家族の体調に合った料理を作ってみてはいかがだろう?

03

「辛いもの好き」は、なぜエスカレートするのだろう？

FOODS

甘い、しょっぱい、苦い、酸っぱいなどを感じ分ける味覚。だけど実は「辛い」という感覚は、「痛い」「熱い」感覚と同じものだ。

口の中には、TRPV1という43度以上の熱に反応する分子があり、熱すぎる食べ物が口に入ると「痛い」「熱い」と感じ、防御システムをはたらかせる。これが唐辛子などの中に入っている辛み成分カプサイシンにも同様に反応してしまう。そのため、唐辛子を食べると「痛い」「熱い」と同じ反応をするわけだ。

最初はうどんに七味をちょっとひと振りしていたのが、どんどん増えていって、今では麺が見えなくなるほど振りかけるといった輩を見たことがないだろうか？

こうなる原因は、脳が〝快感〟に弱いから。脳にとって、「辛さ」と「痛さ」は同じ刺激だから、痛みの感覚が続くと脳内にβ‐エンドルフィンという脳内麻薬とも呼ばれる鎮痛作用のある物質が分泌される。人はこの快感を求めて辛いものを食べ、慣れてくるとより強い快感を求め、さらに辛いものを食べるようになるというわけ。「辛いもの依存症」なんて言葉があるが、まさに〝中毒〟なのだ。

ちなみに辛さを緩和するには、水よりアイスクリームなどの乳製品が有効。乳製品に含まれるカゼインというタンパク質が、カプサイシンと結びついて舌の神経を刺激しなくなるからだ。

▼なぜ、ミントを食べると口の中が冷たくなるの？

「辛さ・熱さ」を感じる分子とは逆に、「冷たさ」を感じるＴＲＰＭ８という分子もある。これはメントールの成分にも同様に反応してしまう。だからメントールを含むミントやハッカを食べると、口の中がひんやりしたような錯覚を覚える。実際に温度が下がり冷たく感じるわけではないのだ！

04

FOODS

どうして「高いワイン」ほど悪酔いしやすいのだろう？

高級ワインほど悪酔いするという説があるが、本当だろうか？　ワインは悪酔いを引き起こすフーゼル油というアルコール成分を多く含むと言われてきた。しかし、調査の結果、焼酎のほうがフーゼル油を多く含んでいることがわかった。

ではなぜ、高級ワインを飲むと悪酔いしやすいと言われるのだろう？　ひとつには赤ワインの中に入っている「ヒスタミン」という物質が原因になっている。ヒスタミンは血管を拡張するはたらきがあり、拡張された血管が神経細胞を圧迫して頭痛を引き起こすのだ。また赤ワインには「チラミン」という物質も含まれていて、この物質はヒスタミンとは逆に、血管を収縮するはたらきがある。だが血管が収縮すると、今度は脳が反発して過度に拡張しようとし、結局ヒスタミンと同じく頭痛を起こすのだ。また、ワインにはメチルアルコールも多量に含まれ、これも頭痛の原因になる。

つまり、ワイン自体に悪酔いしやすい成分が含まれており、値段は関係ない。「高いワインは悪酔いする」説は間違いなのだ！　ワインの本場、フランス産の赤ワインには特にヒスタミンが多く含まれているので、フランスの輸入物は高い＝悪酔い、となったのかもしれない。逆に、安価なワインに含まれる酸化防止剤が頭痛を引き起こすこともある。

▼悪酔い、二日酔いの原因はなに？

ところで、なぜ悪酔いをするのだろう？　アルコールは体内で分解される途中でアセトアルデヒドという物質に変化するのだが、これが非常に強い毒性を持っている。このアセトアルデヒドを分解して体外に排出する肝臓の能力には、個人差がある。分解しきれなかったアセトアルデヒドが、吐き気や頭痛の原因となり、悪酔いを起こすのだ。つまるところ、酒の種類ではなくアルコール摂取量の問題ということ。体内にアセトアルデヒドが翌日まで残れば二日酔いになる。

05

アレルギーは、なぜ起こるのだろう？

FOODS

「アレルギー」とは、体の中に異物（アレルゲン）が入ってきたとき、体を守ろうとした免疫系が過剰に反応してしまう現象。これを免疫力が強すぎるから、と解釈する人もいるが、理屈はその逆だ。**アレルギーを発症しやすいのは、免疫力が低い人という傾向がある。**喧嘩に勝てない子がムキになっているようなイメージと言うとわかりやすいだろうか。

食物アレルギーにならないためには、原因食品を食べないことが一番。特にアレルギーを起こしやすい食品7品目を含んだ加工食品は、表示が義務づけられている。この7品目は「特定原材料」と呼ばれ、症例が多いものに①卵 ②牛乳 ③小麦 ④エビ ⑤カニ、重症化するものに⑥そば ⑦落花生がある。

また、「特定原材料」に次いでアレルギーを引き起こしやすい「特定原材料に準ずるもの」として18品目が挙げられる。①オレンジ ②キウイフルーツ ③クル

ミ ④大豆 ⑤バナナ ⑥マツタケ ⑦桃 ⑧山芋 ⑨リンゴ ⑩ゼラチン ⑪アワビ ⑫イカ ⑬イクラ ⑭牛肉 ⑮サケ ⑯サバ ⑰鶏肉 ⑱豚肉で、義務ではないが「可能な限り表示されることがよい」とされている。食品ごとにアレルゲンも異なるし、症状も個人差がある。小麦アレルギーは小麦グルテンがアレルゲンだが、小麦グルテンに含まれる成分のどれに反応するかは、人それぞれ。蕁麻疹《じんましん》など軽い症状ですむ人や、少量なら症状が出ないという人もいる。

幼児期に多く見られる卵、牛乳などのアレルギーは、胃腸が成長し免疫力が高まるにつれてほとんどが治る。魚介アレルギーや果物アレルギーは大人になるにしたがって増えていくが、その詳しい原因はわかっていない。

▼恋人とキスができない!?

「キス・アレルギー」という言葉をご存じだろうか？　愛しい恋人とキスをしたら蕁麻疹が出たという例があるのだ。

実はこれは、キスをする直前に食べたものが原因。相手の唇に残ったアレルゲンに反応してしまったのだ。これが原因で亡くなってしまった例もある。自分にアレルギーがない人は、死につながる危険があるとは想像できない。どんな症状が出るかなど、恋人にだけはきちんと話しておいたほうがいいかもしれない！

FOODS

06

心がカラッと晴れる！「うつ病を防ぐ食べ物」とは？

今や日本人の5人にひとりが、うつ病の予備軍。その多くの原因はストレスで、現代人なら誰でもすぐにうつ病になる危険性がある。うつ病は、致死率の高い精神病でもある。その理由は病気そのものにあるのではなく、自殺願望が高まり、自殺に至るケースが多いからだ。

そんなうつ病予防に、非常に簡単かつ効果的な方法が見つかった。それは、魚を食べること。ただそれだけ！　**魚に多く含まれているDHAやEPAという成分が、うつ病を防いでくれるのだ。**フィンランドの調査で週2回以上魚を食べる人がうつ病になる可能性は、食べない人を100とした場合、60程度まで軽減されることがわかっている。

日中の共同研究では、DHAやEPAの血中濃度が高い人ほど、自殺未遂を引き起こす危険度が少ないことが判明している。EPAの血中濃度が高い人の自殺未遂者は、低い人と比べて8分の1、DHAでは5分の1だった。

最近、気分が落ち込みがちだ……という人は肉食を魚食に変えてみよう。それだけで心が晴れる。いつも前向きな強い心を養えるに違いない。

07

なぜ「体を温めるといい」のだろう?

FOODS

よく、「体を温めると、ほとんどの病気は改善する」と言う。体温が低いとウイルスに対する抵抗力が落ち、偏頭痛、イライラ感などの症状が出やすくなる。

体温は内臓や筋肉でエネルギーが作られるときに温められた血液が、心臓から体中に送り届けられることで保たれている。この機能がはたらかず、体温が上がらないのが「冷え症」だ。**つまり、体温調整がうまくできていないということ。**

▼「生まれつき冷え症の人」っているの？

もともと、人の体温調節機能は、ほかの恒温動物に比べてとても優れていて、汗をかいたりくしゃみで筋肉を震わせたりして体の熱量を調節できる。

それが、便利になった私たちの暮らしが原因で、体温調節機能に狂いが生じてしまう。冷暖房器具が完備され、寒い暑いといった温度差を感じないことから皮膚の神経が鈍くなって、調節できないのだ。ほかの原因としては、温度差の激しい外と屋内を何度も行ったり来たりすると、対応しきれなくなって自律神経のバランスが崩れることが挙げられる。

だから、冷暖房を控えることをはじめとして、厚着しすぎない、足が冷えるからと靴下を履いて寝ない、などを心がけよう。自然に近い状況になれば、体の本来の機能が目覚める。

ただし、血栓などで血流が悪くなっている場合もあるので、症状がひどいときは病院へ。

とにかく、生まれつきの冷え症はいないのだから、生活習慣を変えることで9割の冷え症は改善できるのだ。

▼なぜ「足は第2の心臓」というの？

人の発熱器官である筋肉の70パーセントは下半身にある。足には、高い位置にある心臓まで血液を送り返す役割があり、特にふくらはぎは第2の心臓とも言われる。**だから足腰を鍛えれば、全身の代謝をよくすることができるのだ。**なかでも歩くことが最もよく、有酸素運動であるウォーキングで体内にどんどん新しい酸素を取り込めば、血行もよくなる。つま先を上に向けるように意識して歩くと、足首やふくらはぎの筋肉も合わせて伸縮するので効果的だ。

ちなみに、手や足の先が冷えたとき、そこだけ温めるのはNG。体は「手足が温かい」のではなく「内臓が冷たい」と判断し、温かい血液が体内に集まってしまうのだ。結果、余計に手足の血行が悪くなる。温めるなら腹など体の中心を。

08 コラーゲンを食べても美肌にならないのはなぜだろう？

FOODS

人の体の約30パーセントはコラーゲンでできている。コラーゲンは肌の弾力性や伸縮性のもとになる重要なタンパク質の一種で、歳を重ねるごとに減っていく。体の3分の1をも占める物質が不足していけば、肌がシワシワになるのも頷けるね。**だがこれ、コラーゲン自体が減っていくというわけではなく、正しくは「コラーゲンを作る力」が弱くなるために、減っていくのである。**

プルプルの美肌を目指してスッポンやら牛すじなどコラーゲンのもととなる食材をせっせと摂っている人がいるが、「作る力」が弱まっているのだから、いくら食べても意味がない。大枚はたいてフカヒレやサプリメントを試しても、さほどの効果を感じられないのは、このためだったのだ！

しかも、欧米のような肉食も増えた現代人は、極端なダイ

エットをしていない限り、タンパク質を摂りすぎているのが現状だ。コラーゲンを作る力がない体に余分なタンパク質を入れれば……じゃあ体脂肪にしちゃえ！と体が判断し、「プルプル」になるはずの予定が「プニプニ」になるというわけ。

コラーゲンを作るパワーを復活させるには、コラーゲンを合成するための酵素やビタミン、ミネラルを補えばいい。材料さえそろっていれば体は自動的にコラーゲンを作ってくれる。なかでも、ビタミンCをコラーゲンと一緒に摂るといい。高価なサプリメントに血道を上げるより、アセロラなどの果物や野菜を積極的に摂るほうが、よっぽどお肌の回復への近道だ。

09

なにを食べたら「骨が丈夫になる」？

FOODS

「お袋がさ、くしゃみしてあばら折っちまったんだよ！」

これは誰に起きてもおかしくないことだ。近年、骨がスカスカになってもろくなる「骨粗しょう症」が問題になっている。特に、閉経後の女性に多い。カルシウムを骨に定着させるはたらきがある女性ホルモンが減少するからだ。骨粗しょう症になると、背すじが曲がり身長が縮み、骨折もしやすくなる。

そんな事態を避けるためには、カルシウムとともに「ビタミンK」を摂ることが大切。緑黄色野菜、海藻、発酵食品などに含まれていて、特に納豆に含まれるメナキノン‐7と呼ばれるビタミンK_2は最も栄養価が高いと言われている。

ちなみに、1パック（50g）の納豆に含まれるビタミンKは約400μg。これは、同量の小松菜やほうれん草に比べて2倍以上だ。

〝納豆を定期的に食べている人が骨折しにくい〟というのは、臨床データにもとづいた事実である。納豆を食べる割合が低い関西以南よりも、納豆の名産地茨城などの納豆をよく食べる関東地方のほうが骨折患者が少ない。同じ骨粗しょう症患者でも、欧米人女性より、ビタミンK濃度が高い日本人女性のほうが骨折しにくいという研究データもある。

大豆はカルシウムも豊富だから、納豆は骨を丈夫にする最良の食材なのだ。

10 「減塩」しても血圧が下がらないって本当？

FOODS

脳卒中の原因となるのが、高血圧。血圧を上げる一番の原因は塩分の摂りすぎ。1日当たり10gが適正だが、和食を中心とした日本人は平均12～13gを摂取しており、少々塩分過多のもよう。

塩分を摂ると血圧が上がるのは、塩分濃度が高くなった血液を薄めるために水分が増え、血液の量が多くなるからだ。塩分には血管を収縮させるはたらきもあるので、細くなった血管を大量の血液が通れば、自然と血圧は上がる。

しかし、血圧の高い人が減塩したからといって必ずしも血圧が下がるわけではない。**体質や遺伝、脂分や甘い物の摂りすぎも原因となるので、塩分の摂取量を抑えただけで慢心していては、いつまでたっても血圧は下がらない。**

塩分の摂りすぎは、胃がんなど様々な病気の一因となるが、逆に不足してもいけない。夏に大量に汗をかくと、汗と一緒に塩分も排出され、体の塩分濃度がどんどん低くなる。その塩分濃度に合わせて水分も排出される。高血圧とは逆だ。

水分を補給しても、これ以上塩分濃度を下げないようすべて排出されてしまい、脱水症状を引き起こす。だから効率のいい水分補給のために、スポーツドリンクには必ずナトリウムが入っているし、マラソンやトライアスロンなど、大量の汗をかき続ける競技の選手は、ナトリウムが不足しないように塩をなめるのだ。

▼自然塩は体にいいのだろうか？

「最近流行っている自然塩や天然塩はミネラルを豊富に含んでいるから、たくさん摂っても大丈夫！」という話があるが、これは嘘。確かに一般的な「食卓塩」は精製した純粋な塩化ナトリウムだから、ミネラルには乏しい。しかし、血圧に影響する塩化ナトリウムの量は、自然塩も精製塩もほぼ同じ。自然塩ならミネラルも一緒に摂れるだけのこと。摂りすぎればやはり血圧は上がってしまうのだ。

▼高くなってしまった血圧を下げる食材は？

ビタミン・食物繊維の豊富な野菜、特にナスがいい。また、余分な塩分を体外へ排出する昆布・ワカメ・ヒジキ・海苔《のり》などの海藻類、サンマ・イワシ・サバ・マグロなどのＥＰＡやＤＨＡを多く含んだ食材、タウリンを多く含んだ牡蠣・ホタテ、コレステロールの吸収を防ぐイカ・エビ、またはオレイン酸を70パーセント含むオリーブオイル、緑茶や納豆なども効果がある。前述のとおり、納豆は様々な効能のある優れたスーパー食材だ。

11

悪玉コレステロールを退治してくれる食べ物って？

FOODS

健康診断で、中性脂肪や悪玉コレステロール値が高いと言われたあなた、「ちょっと太ったからなあ」なんて軽く考えていないだろうか？

中性脂肪やコレステロール値が高いのは「脂質異常症」と言い、以前は「高脂血症」と呼ばれていた血液中の脂質が増える病気だ。自覚症状がほとんどなく、ついそのままにしがちだが、血液はドロドロ……。放っておくと動脈硬化や狭心症、心筋梗塞などを引き起こし、命にかかわる。では血液中の脂質を増やさない食生活を送るための注意点は？

原因は、言わずと知れた運動不足や不規則な生活時間、食べすぎなどの食生活の乱れ。添加物の多いインスタント食品・コンビニ弁当などを毎日食べている人、肉中心で野菜不足の食事を繰り返している人などは、血液中の脂質が高くなる。

だが、生活習慣を改善すれば、血液はサラサラにできる。食事ではバターや肉などの動物性脂質を控え、魚を中心にする。サバ・イワシなどの青魚が、より効果的だ。魚卵やウニは避けたいが、タコやイカなどはコレステロールの吸収を抑えてくれる。

ミンチになっているハンバーグ用の肉などは売り物にしにくい部位の肉を使っていることが多く、安いものなら嵩増しも兼ねて脂肪が混ぜられていることがある。肉は比較的脂肪分の少ない「赤身」を選ぶといいだろう。繊維質の多い野菜、大豆や大豆製品も多く摂ろう。

椎茸やクルミも血液をサラサラにし、ブドウの種から作ったグレープシードオイルやオリーブオイルなどの植物性の脂質は、悪玉コレステロール値を抑える。

12 どうして魚の産地に「○○沖」と「○○港」があるの？

FOODS

国産の場合、魚の産地表示には漁獲した水域名か水揚港、または水揚港のある都道府県名が明記されている。養殖の場合は養殖場のある都道府県名になる。

もともと海には境界線がないので表示が難しく、様々な表記が乱立していた。だが福島原発事故を経て、農林水産省は、沿岸で獲れた魚には「○○県沖」の表示、マグロやカツオなどの回遊魚は水域を7つにわけ、原産地表示をするように通達した。しかし強制力はなく、徹底されているかは未知数。また多くの回遊魚は春先には福島沖を通るから、産地だけの表示は意味があるのかどうか……？

魚の産地表示で有名なものに「関サバ」「関アジ」がある。豊予《ほうよ》海峡で育ち、大分県の佐賀関に水揚げされたサバとアジの呼び名だ。豊予海峡は瀬戸内海と太平洋の境界にあることから水温の変化が少なく、餌であるプランクトンが豊富なうえ、潮の流れが速いため、身がしまった良質なサバやアジが獲れる。さらに、一本釣りで獲るために傷がつかず鮮度が落ちにくいとされ、高級魚として高値で取引される。**しかし、水揚げ港が佐賀関であれば「関サバ」「関アジ」のブランド商品として流通するのだが、同じ魚であっても別の港に水揚げすれば、安値で取引されることになる。**夕飯のおかずに奮発してブランド魚を買ったあなた、もしかしたらご近所で同じ魚が半額で売っているかもしれない！

FOODS

13 「甘い物を食べないダイエット」は、なぜ失敗するの？

「ダイエットの本当の敵は、糖分ではなくてストレスだ」**という事実をご存じだろうか？**　糖分をまったく口にしないと、体がその欠乏に堪えきれなくなり、まるでバキュームカーのように糖分をガツガツと要求するようになる。その要求のままに摂取した糖分は、余すことなく吸収され、体重も増加してしまうのだ。

人の体は、常に血糖値を一定に保とうと調整している。脳や重要な臓器が血糖

（グルコース）をエネルギー源にしているからで、平均的な脳が1日に使う血糖は400キロカロリー。

血糖が不足すると、体は筋肉中のタンパク質を分解して使いだすので、筋肉が細く少なくなってしまう。すると筋肉が消費する血糖の量も減り、今までと同じ量の糖分も消費しきれず、脂肪になってしまうのだ。エネルギー源が足りない脳は空腹を訴え、血糖値が回復するまでイライラが続く。この状態のときにケーキなんか食べれば、リバウンド確実。なぜなら摂りすぎた糖分を脳が使いきれないうえ、細く少なくなった筋肉でももて余されるから。負のスパイラルである。

ダイエットのコツは、糖分も味方につけること。**消費できる範囲なら、甘い物だって食べてもいいのだ。**例えば、昼食の30分前にアメやチョコレートをちょっと口に入れておく。すると、ちょうど食事をする頃に血糖値が上がり、脳も体も満足しているから、昼食の量を減らすことができる。総カロリーで考えればずっと効率的だ。しかも我慢しているという意識やイライラも起こらない。

14 カロリー計算は、なぜそんなに大切？

FOODS

カロリーは、食品の重さを実際に量って計算する。例えば、ご飯の量が150gだとして、それを食品重量で割り、80を掛ける。食品重量とはその食品の80キロカロリーの重さのこと。ご飯が80キロカロリーになる重さは48gだ。つまり、
150（実際に食べた重さ）÷48（ご飯の食品重量）×80＝250
となり、ご飯1杯分（150g）で、250キロカロリーだとわかる。
このように食べたものをすべて量れば、カロリーを算出することはできるが、同じ食材でも調理法で総カロリーは変化し、食品の組み合わせでカロリーの吸収量も変わる。手間がかかるわりに、計算したものが正しく反映されるとは限らない！ では、面倒なカロリー計算なしでダイエットを成功させるには……？
すべてを計算しなくても、おおまかに高カロリーな食材がわかっていれば、自然と食べる量や1日の総カロリーを考えるようになり、食べすぎを防げる。カロ

リー表は、料理本やウェブで見られる。
ところで「体重は減ったけど体脂肪が増えた」というのは、糖質を摂りすぎているサイン。腹もちの悪い菓子パンなどは、血糖値が上がるのも早いが、下がるのも早い。吸収し終わると脳はまた糖分を求め、前述のように体がバキュームカーと化す。カロリー量だけでなく、食事の質もダイエットには大切ということ。

15

「遺伝子組み換え食品」のどこが怖いの？

FOODS

遺伝子組み換え食品がよくないと言われる理由を、ご存じだろうか？　食品の遺伝子を組み換えることとは、**極端な話、「この世に存在しなかった、別の食べ物を作り出す」ということ。**本来の食品にはなかった、恐ろしい性質をもつ危険性だってあり、それが人体に影響するかもしれない。例えば、ブラジルナッツの遺伝子を組み込んだ大豆を食べて、ブラジルナッツへのアレルギー反応を起こしたという例もある。知らないうちにアレルゲンを摂取する危険もあるのだ。

厚生労働省が認可した遺伝子組み換え食品は、現在168品種、添加物で14品目。そしてそれらを使用した場合に表示しなければならないものが、大豆などの8作物と、豆腐など33の加工品である。と言っても必ず表示しなければいけないのは、1個の加工品に占める重量の割合が上位3位までで、かつ重量の5パーセント以上を含んでいるものについてのみ。つまり4位以下のものや、5パーセント未満のものは表示しなくていいことになっている。わずかな重量しかない添加物はほとんど引っかからない。

また表示義務さえないものもある。たとえ遺伝子組み換え食品を使っていたとしても、加工後にそのタンパク質が検出できない場合は表示しなくてもいい。大豆油・醤油・コーン油・異性化液果糖などがそうだ。異性化液果糖とはトウモロコシやジャガイモから作られる甘み成分。高脂血症などを引き起こす物質を増やす。**ジュースや納豆のたれなどにも使われているため、注意が必要だ。**

16

なぜ「危険な食品添加物」が認可されているの？

FOODS

危険なことで有名な添加物に「亜硝《あしょうさん》酸ナトリウム」がある。別名「亜硝酸ソーダ」。厚生労働省が認可しているのに、人体に害があるとはどういうことか？

そもそも「亜硝酸ナトリウム」は取扱い注意の「毒物マーク」のつく毒物で、「吸入すると生命の危険がある」。**しかし私たちが日常的に食べているほとんどのハム・ソーセージ・ケチャップなどに入っている！**

実は「亜硝酸ナトリウム」は、ハムなどの色を綺麗に見せるための〝発色剤〟として使われていて、「無添加だと食品の腐るスピードが早く、かえって食中毒などの危険が高まる」という理由で、厚生労働省がおスミつきを与えたのだ。

「亜硝酸ナトリウム」を危険視するもうひとつの理由は、亜硝酸ナトリウムとアミノ酸を一緒に食べると体内でニトロソアミンという発がん性物質が生まれること。ちなみにアミノ酸は魚や肉に含まれる栄養素。ということはハムやソーセージは発がん性物質の塊じゃないか！……なんてあわてる心配はなく、ビタミンCでニトロソアミンの発がん性を抑えられることがわかっているので、亜硝酸ナトリウムを添加した食品は、加工時にビタミンCも使われている。

私たちの体は、食物に含まれる成分でわりと簡単に亜硝酸ナトリウムを作ることができる。その生産量に比べると添加物による摂取はごくわずかだから人体に大きな影響は与えない、というのが厚生労働省の考え方。でもアレルギーを引き起こすアレルゲンでもあり、怖いことに変わりはない。添加物の多いもの、つまり「消費期限」の長いものは避け、買ったらできるだけ早く消費することだ。

17

なにを食べたら、ズバリ「頭がよくなる」のだろう？

FOODS

食にこだわりがない人でも、おいしいものを食べれば頬が緩むし、幸せな気分になる。これは、脳がドーパミンという幸福ホルモンを出すためだ。

そんな〝見た目や気持ち的なおいしさ〟とはまた別に、「栄養学的に脳が元気になって喜ぶ食べ物」がある。しっかり摂れば、仕事や勉強がグンとはかどる！

▼脳が元気になる食材①

ひとつ目は「レシチン」。この物質は多くの動植物が持っていて、大豆や卵黄、牛肉、酵母、レバーなどに多く含まれる。脳細胞を活性化させることから、レシチンは「ＩＱ食品」「天然の精神安定剤」とも呼ばれる。脳の神経細胞たちは「シナプス」という突起の先端を通じて情報交換をし、記憶の蓄積や状況の分析をしており、シナプスが発達していればいるほど、頭の回転が速いと言える。精神障害や痴ほう症の患者は、このシナプスの数が極端に少ないか、退化している。つまり、脳の良し悪しは「シナプスで決まる」のだ。レシチンは、このシナプスを発達させ、脳細胞を活発にする。また、新しい細胞を作ったり、脂肪の燃焼や不要な物質を排出したりするのも手助けする。細胞が常にきれいな状態を保てるようにしてくれるレシチンは、老化防止や美容の強い味方だ。

理想の量のレシチンを摂るには、なんと1日にドラム缶いっぱいの大豆を食べないとならない。緑黄色野菜やレバーに含まれるコリンという成分がレシチンのもとになるので、それで補うか、サプリメントで効率よく摂るのがお勧め。

▼脳が元気になる食材②

ふたつ目は、「マルチビタミン」。複数種のビタミンを組み合わせたサプリメントのことだ。ビタミンは一度に複数の種類を摂ることで効果が大きくなる。もちろん野菜や肉、魚などの食物にも含まれているが、食品で摂ろうとすると、ビタミンの種類が偏りがち。やはりこれもサプリメントがお勧めだ。

▼脳が元気になる食材③

3つ目が、昔から頭がよくなると評判の「DHA」、ドコサヘキサエン酸だ。マグロやイワシ・カツオなどの青魚に多く含まれ、シナプスを活性化させる。ちなみに野菜や果物にも、DHAを作るための成分は含まれている。

なかでもクルミはDHAを作るための成分を多く含んでいる。韓国では昔から頭をよくする食べ物として知られ、受験生にお守りとして持たせるのだとか。

18

卵がコレステロールを下げるって、本当？

FOODS

卵は「パーフェクト食品」と呼ばれている。良質のたんぱく質・脂質・各種ビタミン・必須アミノ酸・ミネラルなどが、バランスよく含まれているからだ。しかし、コレステロール値が高いからと敬遠もされがち。

ところで、まるで成人病を引き起こす悪者の代名詞のようになっているコレステロールだが、本当に悪者なのだろうか？

そもそもコレステロールとは「脳の神経細胞を守る成分」で、また各細胞に送られ女性ホルモンの材料になったり、ビタミンDの原料になったりする。不足すると細胞が壊れやすくなり、病気に対する抵抗力も低

下する。体にとって、なくてはならないものなのだ。

ちなみに、よく聞く悪玉コレステロール（LDL）、善玉コレステロール（HDL）と呼ばれるのは、リポタンパクと言って、コレステロールとタンパク質が結合したもの。肝臓で作られたコレステロールを各細胞に運ぶのは、悪玉コレステロールの仕事だが、必要のない分は血管内に置き去りにするので、それが血管の壁に付着し、詰まる原因になる。一方、善玉コレステロールは血管の壁に着いたコレステロールを取り除いてくれる。悪玉も善玉も、なくてはならないものなのだ。ただ、悪玉が増えすぎるとよくないことも確か。悪玉は中性脂肪が多いほど増えやすくなるので、肥満気味の人や脂っこい食事が多い人は要注意だ。

▼コレステロール値を整えてくれる！

卵は栄養満点だけれど、コレステロール値が高いから食べる気になれない……なんて、もったいない！　**実は卵には「悪玉コレステロールを減らし、善玉コレステロールを増やす成分」が入っている。**卵を食べることと、コレステロール値の増加には関連性がないことも、厚生労働省の研究ではっきりしている。**1日1**

〜2個の卵は食べたほうがいいと推奨までされているのだ。ゆで卵が大好きなことで有名な某氏は、1日に6、7個と食べることもあるとのこと。そこまでいくとコレステロールよりタンパク質の摂りすぎが気になる……。

コレステロール値が高いと診断を受けていて、どうしても不安があるのなら一度、医師と話してみるといい。きっと「食べるな！」とは言わないはず。

19 なぜ髪は白くなるのだろう？ワカメは本当に髪にいい？

FOODS

いい髪を育てるには、タンパク質やビタミンB_2、B_6が有効で、バランスのよい食事をすることが大切。インスタント食品やファーストフード、コンビニ食などの栄養が偏った食生活や、無理なダイエットを続けると、髪が悲鳴を上げる。細く切れやすくなってツヤがなくなり、抜け毛や白髪の原因にもなるのだ。

ワカメが髪にいいと昔から言うが、本当のところはどうなのだろう？ ワカメなどの海藻類はミネラルが豊富で、血圧を下げ血液をサラサラにしてくれる。ぬるぬるの成分フコイダンやヨードは、がん細胞を退治する。また豊富な食物繊維は、排便を促し胃腸を整えダイエットにも有効だ。しかも超低カロリー！

いいことずくめのワカメだが、髪の毛を生やす効果があるという科学的な根拠は、実はない。ワカメはヨードやミネラルが豊富で、それらは毛髪の成長にとても重要な物質だから、そういう意味では抜け毛防止や健康的な髪のためにワカメを食べたほうがいいとは言える。

▼どうして白髪ができるの？

白髪にも、ワカメに含まれるミネラルは有効だ。白髪が増える原因は遺伝など諸説あり、わかっていないことも多いが、栄養不足も原因のひとつ。髪の色のもとになるメラニンには、濃淡を決めるものと、赤み・黄みの具合を決めるものがある。この2種類のメラニンの量によって髪色が金や黒になるのだ。

白髪は、その色素が抜けてしまっている状態で、外国人の白金の髪とはまったくの別物。髪の根元にあるべきメラニン色素を作るための栄養素が足りないと、髪の毛の中がスカスカになり白髪となる。

１本の中に黒い部分と白い部分があるときは、時期によって栄養の摂り方に差があったということ。つまり、真ん中だけ白い、あるいは毛先のほうが白いなら過去に栄養が不足した時期があるけれど、今は問題がないということ。逆なら、今の時点での栄養が足りていないということになる。

20 なぜ、牡蠣は二日酔いに効く？

FOODS

肝臓のアルコール分解能力には個人差がある。だから、体に一番いいのは、その能力を超えない範囲で飲むこと。だが現実は、そうとばかり言っていられないこともある。そんなときは、どうしたらいいのだろう？

有効なのが、栄養ドリンクのコマーシャルでよく耳にするタウリンという物質。タウリンは硫黄を含む「含硫アミノ酸」の一種で、肝臓を過酸化脂質から保護してくれる。**つまりアルコールを分解するためにフル稼働している肝臓のはたらきを助けるのがタウリンで、心臓の機能を高めるはたらきもある。**さらには目の老化を防ぐ、血圧を下げるなどの効果もあり、なんともありがたい酒飲みの味方だ。

タウリンは肝臓でも作られるのだが、アルコール分解で疲れた肝臓では、作るペースが落ちてしまうので、外から摂取したほうが肝臓のためになる。アルコールを飲む前か、飲んでいるときに摂れれば、翌日の目覚めも爽やかだ。

タウリンは魚介、特に貝や軟体動物に多く含まれている。だからおつまみにスルメがいいのだ。特に多く含んでいるのは、牡蠣。100gあたり1130mg。タコは830mgで、シジミが110mg。500mg以上で効果が期待でき、過剰分は尿と一緒に排出されるので、多く摂っても問題ない。ただ、タウリンを含む食品は尿酸値を上げるプリン体も含んでいることが多いので、摂りすぎには注意。サプリメントや栄養ドリンクをお勧めする。また、タウリンは熱にも強く壊れないため、無理に生牡蠣で食べることはない。水溶性なので煮たり茹でたりするなら、その汁も一緒にいただきたいね。

21

今、なぜ「玄米に注意」と言われるのだろう？

健康食材として、玄米を食べている方は多いかもしれない。玄米とはモミからモミ殻を除いただけの、精米されていない米。そのため、玄米は白米に比べて栄養価が高く、食物繊維や発がん性物質を排泄する物質も含んでいる。しかし、いいことばかり、ではない。

確かに玄米は白米より栄養価が高いが、消化吸収が悪い。「玄米食にするとやせる」と言われる理由は、消化に時間がかかって腹もちがよく感じることと、そのわりに吸収されるカロリーが低いからだ。**体内の毒素を排出する、いわゆるデトックス効果もあるが、食べすぎると必要な栄養素まで排出されてしまうので、1日に食べる量はお茶碗1杯（250g）程度にしておきたい。** 1日に1食だけ玄米を食べるか、あるいは白米と混ぜて食べるようにするのがいいだろう。

また、精米しないことで、残留農薬、カドミウムなどの金属物質が白米より多

FOODS

く残っている可能性もある。たとえ無農薬でも大気汚染物質や放射性セシウムが付着している可能性はある。

第4章

SURVIVAL

犯罪や危機から身を守る「サバイバル」雑学

なぜ雪山で遭難したら「雪を食べてはいけない」の？

01

なぜ生き埋めになったら、おしっこをするといいの?

SURVIVAL

スーパーレスキューとかハイパーレスキュー隊などの通称で呼ばれ、災害や大事故が起こった際に活躍するのが、消防庁の「特別高度救助隊」だ。

この隊は、人口30万人以上の都市に設置され、様々な装備を持っている。そのひとつに、瓦礫の下に生き埋めになったり建物の中に閉じ込められたりした人を捜索する「二酸化炭素探査装置」がある。これは、生存者が吐く呼気の中の二酸化炭素や、尿のアンモニアを検知して生存者を探す道具だ。だから生き埋めになったら、おしっこをしてしまったほうが発見されやすい。**災害救助犬も、人の呼気や尿などの匂いに反応する。**

「電磁波人命探査装置」も生存者探索に役立っている。これは電磁波によって生存者を探す。2004年の新潟県中越地震の際には、土砂崩れで自動車の中に閉じ込められた男児発見に、その威力を発揮した。また「地中音響探知機」は生存者が出す音を感知して、その位置を突き止めることができる。「ここにいるぞ」とアピールするためには、恥を捨てて〝臭い〟も〝音〟も総動員したほうがいいと覚えておこう。

02

SURVIVAL

ナイフを持った人に襲われたら、どう身を守る？

突然、ナイフや刃物を持った人に襲われたらどうするか？　**まずは持ち物や近くにあるものを投げつけ、相手をひるませて、相手が凶器を持っていることを大声で周囲に告げながら助けを求め、いち早く逃げることだ。**

部屋の中などで、逃げられない場合はどうしたらいいのだろう？　基本は「アウトレンジ戦術」だ。つまり、相手の武器より攻撃範囲が広い武器を使って応戦するのだ。戦国時代、一番活躍した武器は火縄銃や弓で、受けた傷を調べると、鉄砲傷や弓矢の傷が6割を超えている。また、短い刀ではなく「長ヤリ」が活躍していた。短い刀の傷は9パーセントほどだったが、長ヤリの傷は20パーセントを超えていた。

だから、まずは物を投げ、相手がひるんだスキに迷わず逃げる。それが失敗に終わったら、できるだけ長い物を武器にして応戦する。傘やほうき、靴べらなどで対抗だ。目や股間などの急所、足などの防御しにくい箇所を狙おう。ベルトなどの長いものを振り回すのも効果的だ。

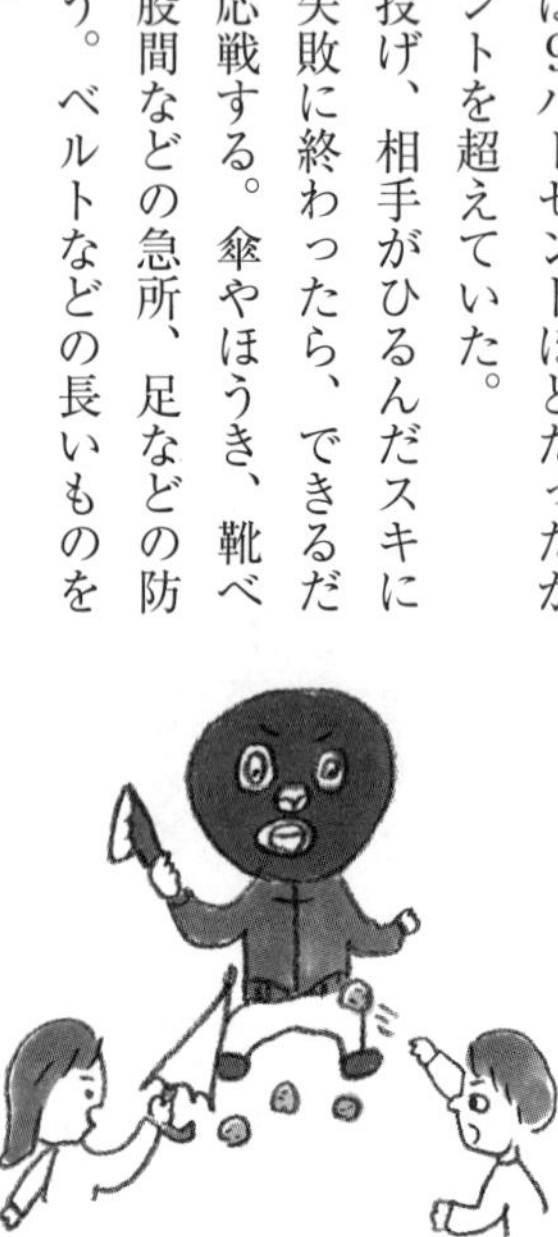

03 泥棒は、なぜ火曜日を狙うの?

SURVIVAL

『犯罪白書』によれば、泥棒被害が一番多い曜日は火曜日。人々の緊張が一番ゆるむからだそうだ。週初めの月曜日は、みな気が引きしまっているので泥棒にとっては不利なのだ。二番目は金曜日。これもやはり翌日が休みということで緊張感がゆるむから。

泥棒に入られやすい時間帯は、人が留守にしがちなとき。**泥棒というと深夜にこっそり忍び込むイメージがあるが、実際には、午前8〜10時や、午後1〜5時といった会社員たちの勤務時間帯が多い。**

泥棒は仕事をする前に、必ず下見をして、留守の時間帯や侵入する箇所、死角、近所の様子をチェックしている。泥棒に入られないためには、下見の段階で、「この家は止めよう」と思いとどまらせることが大切だ。犬がいると、それだけであきらめるケースもある。

▼泥棒が入りたくないのは、どんな家？

一度、泥棒がこの家にしようと決めたら、おそらく防ぐ方法はない。しかし泥棒は、できるだけ安全に大金を得ることを目的としているので、それが難しいと思わせればいい。例えば、ドアの鍵。侵入に5分以上かかると7割があきらめるという統計が出ているから、複数の鍵をつけるなどして、5分以上侵入に耐えられるようにすることが肝心だ。

さらに、近所一帯で、泥棒が入りにくい状態にしよう。泥棒は狙っている家の近所も下見する。泥棒にしてみれば、近所づき合いがよくて、見知らぬ人、つまり自分が目立つような地域では仕事をしたくない。自分の顔を覚えられれば、逮捕につながるからだ。だから、下見の際に「こんにちは」などとあいさつをされたり、声をかけられたりすると、顔を覚えられたと思い、それだけで仕事を放棄することもある。逆に、**ゴミの収集日でもないのにゴミを出していたり、ゴミが散乱していたりするような、一目でモラルが低そうな地域の家は狙われやすい。**そのような所は、近所づき合いが希薄で、隣に住んでいる人にも無関心であることが多いので、見知らぬ人の区別がつきにくい。つまり、顔を覚えられる可能性が低くなるから、泥棒が狙うようになるのだ。

泥棒が最も怖れるのは「人の目」だ。日頃から近所づき合いを活発にして、連帯感を強くしておこう。

04

停電したら、どうやって冷蔵庫内の「食べ物を保存」する？

SURVIVAL

災害などで電気が止まり、冷蔵庫が使えなくなったら、どうするか？

もし発砲スチロールの箱と保冷剤があれば、それを冷蔵庫代わりにできる。保冷剤の代わりに氷を使うこともできるが、効果は保冷剤のほうが高い。

冷気は上から下に流れるから、保冷剤は食品の上に置こう。保冷剤も氷もない場合は、冷凍食品を保冷剤代わりに使い、箱は直射日光が当たらない冷暗所に置く。この方法は、飲食店などで冷蔵庫が故障したり在庫があふれたりして、保管しきれなかったときにも用いる方法だ。

また、肉をヨーグルトに漬けておくと、3日ぐらいはおいしく食べられる。これは、安い肉を柔らかくする方法でもあるから一度お試しあれ。また、味は変わってしまうが、塩漬けや砂糖漬けで肉を保存することもできる。

カブ・ゴボウ・ダイコン・ニンジン・ネギなどの根菜は、新聞紙に包んで風通しのよい冷暗所に置けばいい。これらはもともと冷蔵庫でなくても保存可能だ。普段からこのように保存法を工夫すると、電気代を節約できて、冷蔵庫のスペースも確保できる。

05 停電したら、どうやって「ご飯を炊く」の？

SURVIVAL

電気もガスも使えないときにご飯を炊くには、アルミ缶と牛乳の紙パックが役に立つ。用意するのは３５０㎖のアルミ缶２個と牛乳などの紙パック３枚。アルミ缶２個のうち１個は、ご飯を炊くお釜に、もう１個はコンロ代わりとなる。

２個とも缶切りで上ブタの部分を切って口を丸く開けておく。コンロ用のアルミ缶は、側面の上と下に２カ所ぐらい空気を送るための穴を開けておく。

釜用のアルミ缶には、米１合と水を８分目ほどまで入れ、アルミホイルできっちりとフタをする。牛乳の紙パックは細かく切って燃料として使う。これをコン

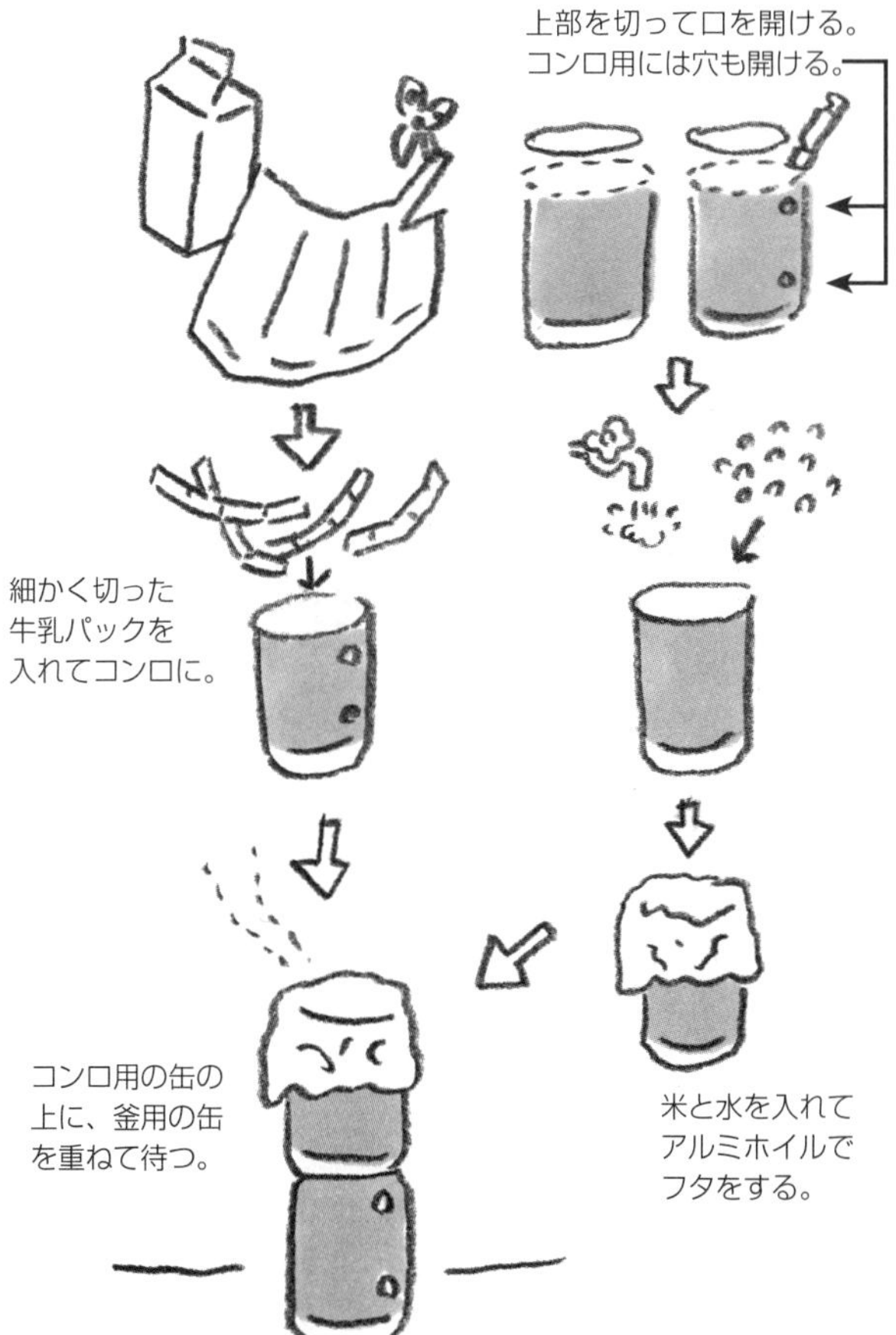
上部を切って口を開ける。
コンロ用には穴も開ける。
細かく切った
牛乳パックを
入れてコンロに。
コンロ用の缶の
上に、釜用の缶
を重ねて待つ。
米と水を入れて
アルミホイルで
フタをする。

ロ用のアルミ缶に入れて火をつける。その上に炊飯用のアルミ缶をそのまま乗せれば、約25分で、ふっくら炊き上がる。火傷の危険があるので軍手などをして充分に注意しよう。炊けたあとは、すぐにアルミホイルのフタを取らないで、しばらく蒸らしておくと、さらにおいしくなる。

06

SURVIVAL

ライターなしで、火を起こす一番簡単な方法って？

よくサバイバルの実用書などで火打石を使ったり、木の板と棒をこすり合わせて火をつける方法が紹介されているが、**実はこれは非常に難しく、熟練を要する方法だ。**ここで紹介するのは、太陽の光を集めて着火させる方法なので晴れている日しかできないが、簡単なのでお勧めだ。

まず、炭酸飲料などによく使われている、上部が丸みを帯びたペットボトルを用意しよう。丸みの部分をレンズの代用にして火を起こすのだ。そして、ペット

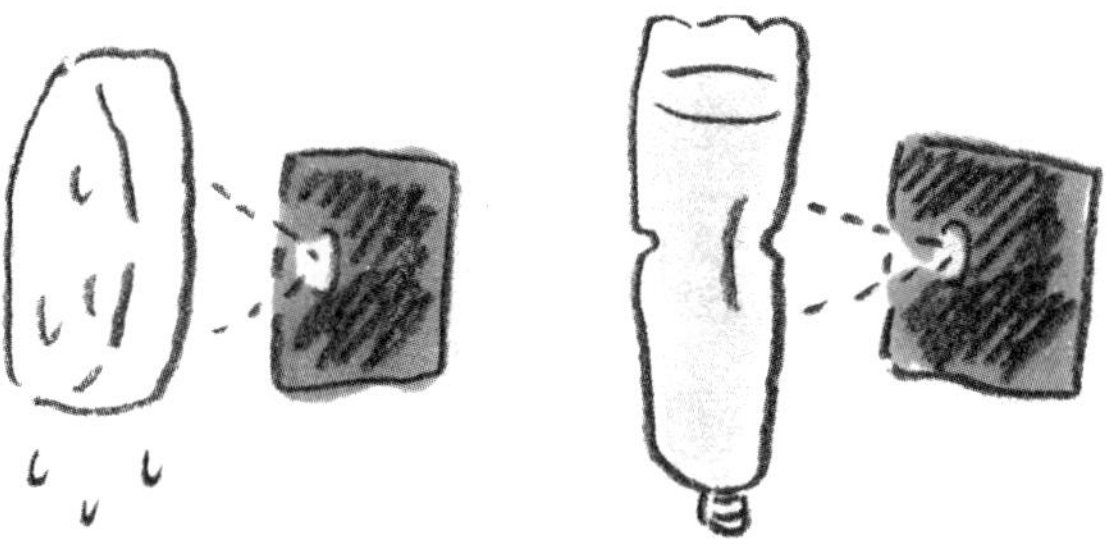

ボトルに水を入れてキャップをし、側面を少し凹ませた状態にする。黒い紙を用意してペットボトルの位置を、太陽の光がペットボトルのレンズを通して黒い紙に当たるようにする。角度や距離を調整して太陽の光が1点に集まる所で固定し、待つこと20分で火は起きる。もちろん凸レンズがあれば、もっと効率よく火を起こせる。

ペットボトルや水がない場合、例えば雪山で遭難したような場合は、直径20㎝ぐらいの氷をナイフで削って形を整え、手の熱で温めながら凸レンズの形にしていき、ペットボトルと同じようにすれば火を起こせる。

レンズで光を集めるときには、火傷や目を傷めないように注意しよう。ペットボトルも氷の方法も、万一の際にしっかり使えるよう、実際に火を起こしてみることをお勧めする。

SURVIVAL

07 どうやって、ペットボトルで泥水を飲める水に変えるの？

震災や遭難などで、飲料水が確保できなかった場合でさえも、安全が確認されていない泥水などを飲むのは、本当に最後の手段にしたい。**汚染された水によって下痢を起こせば、非常時には命取りとなるからだ。**では泥水しかない場合は、どうしたらいいのだろう？「簡易ろ過器」を作って飲料水に変えればいい。空いたペットボトルと炭や綿などの繊維質のものがあれば、簡単に作れる。

まずペットボトルの底を切り、逆さまにして、切った所から布団やぬいぐるみに使われている綿を入れて、棒で軽く押しつぶしておく。次に、大小さまざまな石を入れ、やはり軽く押し、できるだけ細かい砂をふりかける。それから炭を入れ、その上に再び小石を入れ、さらにもう一度綿を詰め、最後に布をかぶせる。

これに底から汚れた水を入れるとまず、布によって大きなゴミが、さらに小石によって細かいゴミが取り除かれ、炭は臭いを消してくれる。砂がさらに細かい

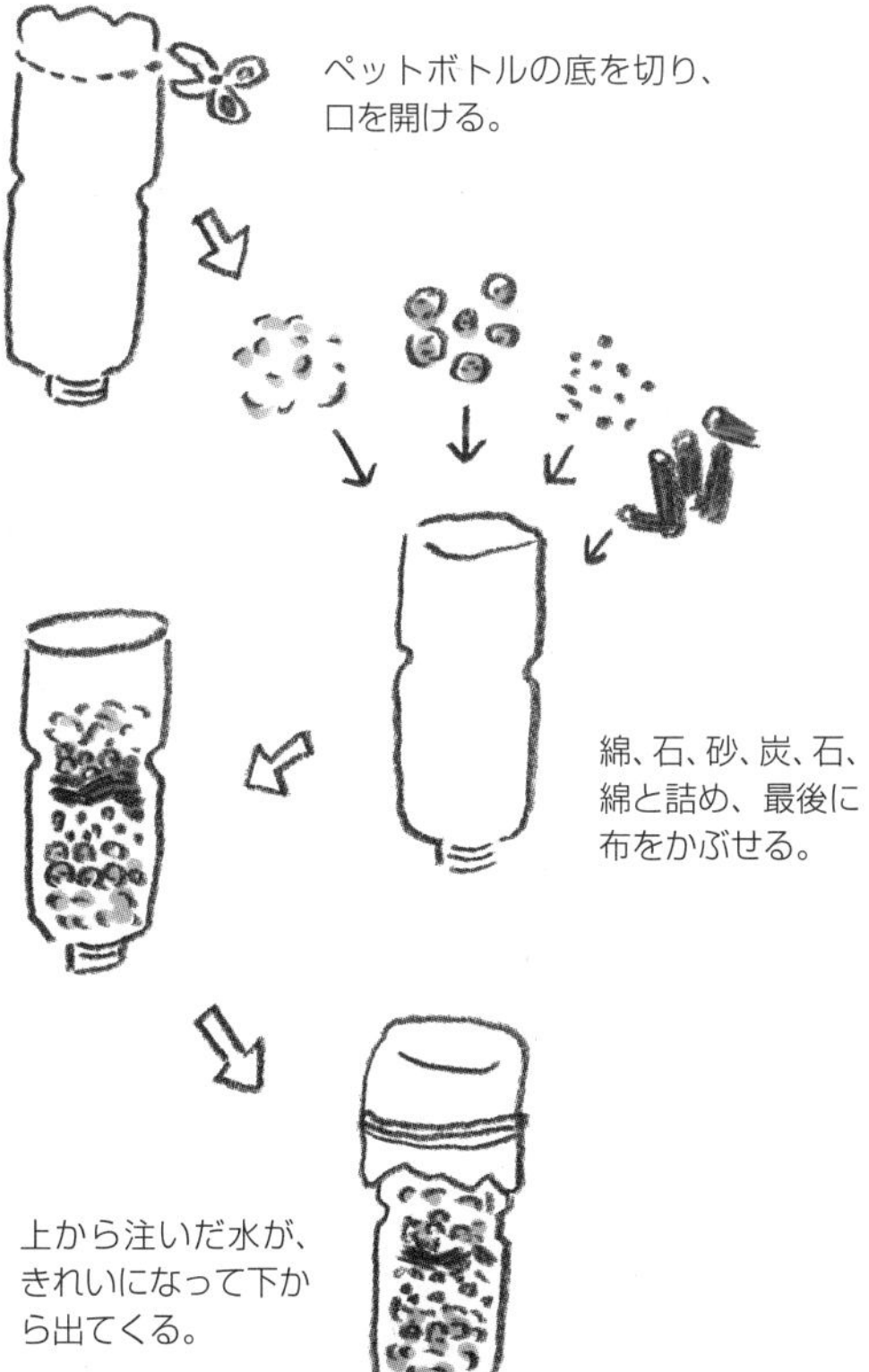
ペットボトルの底を切り、
口を開ける。
綿、石、砂、炭、石、
綿と詰め、最後に
布をかぶせる。
上から注いだ水が、
きれいになって下か
ら出てくる。

ゴミを取り除き、残ったゴミが石でろ過され、最後に布や綿で細かいごみまで取り除かれて、ペットボトルの口から浄化された水が出る。
ただし100パーセント安全ではない。水を沸騰させれば、さらに安全度は高まる。

SURVIVAL

08 災害時に役立つ自作トイレ

阪神淡路大震災のとき、「なにが一番困ったか?」というアンケートで、第一に挙げられたのは、トイレだった。皆さんの脳裏には仮設トイレに長蛇の列を作る人々の姿が残っているかもしれない。今は、便利な「簡易トイレ」が数多く販売されている。中には折りたたみ式やダンボール製のものもある。価格も5000~1万円と比較的安いものが多いので、防災グッズ

として、ひとつ用意しておくのもいいだろう。

最悪の場合は、自分でトイレを作ればいい。必要なものはバケツ(丈夫なもの)と板が2枚、そして大きめのビニール袋。

作り方は簡単で、バケツにビニール袋を被せて汚物がビニール袋に入るようにし、バケツの上に少し間を離して2枚の板を置くだけ。その2枚の板に座って用を足せばいいのだ。

09 災害時に防寒具がなかったら、どうする?

SURVIVAL

災害時などに防寒具が持ち出せなかった場合は、どうするか?

寒さは体力や気力を奪い、生存を脅かす大きな要素なので、緊急に対処しなければならない課題だ。救援物資の衣服の到着を待っていては、生存率はどんどん下がっていく。防寒具の作り方を、ふたつ紹介しよう。

まずゴミ袋を使った防寒具。45リットルの大きなサイズを用意しよう。ビニール袋の底の真ん中に頭を入れる穴を開けるため、袋を縦にふたつに折り、ギリギリ頭が入るぐらいの穴をハサミで切り開ける。この穴に頭を入れて被ると、ちょうど両肩の部分に袋の角がくるので、その角を切って手を出す穴を作る。両手を出したら腰の部分を紐で結んで完成だ。このビニールの服は暖かいだけでなく雨具としても使えて便利だ。

次は、新聞紙とラップを使った防寒具の作り方。

まず、新聞紙を数枚クシャクシャにしてシワをたくさんつけたら、広げて伸ばす。これは新聞紙と新聞紙の間に細かい空気の層を作って体温を逃がさないようにするため。新聞紙を胴体に巻き、紐かガムテープで固定し、その上からラップをグルグル巻けば、驚くほど暖かい防寒具になる。下着の上から新聞紙を巻き、上着を羽織るようにするだけでも充分に防寒の役目を果たしてくれる。

新聞紙だったら
丸めてシワをつけ、体に巻き、テープなどで落ちないように固定する。
新聞紙の上からラップを巻く。
ゴミ袋だったら
底の中心を丸く切り取る。
穴から頭を出して、腕を出す部分を切る。
動きやすいように腰の部分を縛る。

SURVIVAL

10 逃げるとき、絶対忘れてはならないものって？

大地震が起こって家の中はメチャクチャ、揺れがおさまったので逃げようと思ったが靴がない、そんな場合はどうしたらいいのだろう？

大丈夫だろうと高をくくって「裸足」で逃げるのだけは絶対に避けよう。足をガラスや釘などで傷つけてしまったら、逃げられなくなってしまう。大震災のあとでは家の中も外もガラスが散乱している。歩けなくなった場合、介助してもらうためにふたり以上の人の手を煩わすことになり、その人たちの行動の妨げとなってしまう。

そうならないためにも、靴の作り方をお教えしよう。〝とりあえず足の裏を保護する〟のが目的だから、材料はなんでもいい。板やダンボールを重ねて靴底を作り、そしてその靴底と足をスーパーのレジ袋のようなもので覆う。ガムテープがあればそれでグルグル巻きにして完成だ。もしもガムテープがなければ、レジ袋の取っ手の部分をきつく縛ろう。歩きにくいので転倒に注意して、慎重に脱出だ。たとえ、靴を履いていても瓦礫の山を歩くときは、この方法のように、木の板やダンボールで靴を補強することが大切だ。

11

震災で家がつぶれたら、なぜ学校に行くといい？

SURVIVAL

災害時に困ったときは、最寄りの学校へ行けば、必要な物資が確保できる。横浜市を例にすると、学校には次のようなものが備蓄されている。食糧では、乾パンなどのほかに高齢者が食べやすいおかゆ、赤ちゃんのための粉ミルク。倒壊した建物の下敷きになったり閉じ込められたりした人を救助する道具として、エンジンつきのカッターや油圧式のジャッキも設置されている。炊き出し用のかまどや発電機、毛布などの防寒具、おむつもある。

また、東京都では２０１３年４月から、全企業に社員の３日分の水と食料を備蓄することが義務づけられている。だから会社へ行けば、水や食料を確保できる可能性もある。

12 災害時になぜ、笛が役に立つのだろう？

SURVIVAL

瓦礫の下敷きになったり、閉じ込められたりしたとき、救助が遅れればそれだけ生存率が低くなる。水なしで人間が生き延びられる限界は約3日間。もしケガなどをしていたら、その時間はさらに限られる。**確実に人の気配を感じたら大声で叫んで助けを呼んでもいいが、不確かな場合は、声を出さずに周囲の壁などを叩くほうが、体力の消耗を防ぐことができて、生き延びる確率が高まる。**

また、大声を出したくても、ケガや体力の消耗などで出せない場合もある。そんなときにもし笛がひとつあれば、これほど心強いものはない。笛は人間が吹かないと鳴らないので、救助側に確実に生きている人間がいることが伝わる。笛つきのキーホルダーや携帯ストラップなら、いつでも忘れずに持ち歩ける。防災と防犯を兼ね備えた優れものだ。

13 海で遭難! なぜ、じっとしているほうが助かるの?

SURVIVAL

海で遭難し、近くに陸地がない場合は、なにか浮くものにつかまって漂流するのがベストだ。**つかまるものがなにもない場合は、衣服をフワッとかぶせるようにして空気を入れ、結んで閉じ、水に浮くものを作ろう。**レジ袋に空気を入れて結ぶだけでもかなりの浮力を確保できる。**泳ぐと体力を消耗するので、なるべく浮いた状態で救助を待つことが生き延びる確率を高める。しかも3日間は、同じ場所にいたほうが救助される確率が高い。**捜索は遭難した場所を中心に、そこからだんだん遠くを捜していくのが原則だからだ。スキューバダイビングで遭難した場合も、泳がずにじっとしているほうが生存率が高くなる。

日本でも、ダイバーがひとりで3日間漂流して救助された例がある。水も食料も一切口にできなかったのだが、ウエットスーツを着てBC（浮力装置）を装備していたために命が助かった。なまじ水泳の得意なダイバーが、泳いでしまったために体力を消耗し、命を落とす事故は数多い。

水中での体力の消耗を防ぐことがどれだけ大事なのかを知るために、ここでちょっと消費カロリーについてみてみよう。クロールで1時間泳ぐ消費カロリーは、成人男性で1337キロカロリーだ。平泳ぎでも700キロカロリーを消費する。成人男性の1日に必要なカロリーはだいたい2000キロカロリーだから、いかに消費カロリーが高いかがわかる。ちなみに野球で223キロカロリーなのだから、泳ぐことはかなり体力を消耗する。

また、水中は、空気中と比べて20～25倍の速度で体温が奪われていく。それは空気と比べて水の熱伝導率が大きいから。気温30℃がかなり暑く感じられるのに、水温30℃は冷たく感じられるのはそのため。体温が奪われると、体温を上げようとしてカロリーがますます消費されてしまう。だから水難事故で海に放り出された場合は、いかに体力を温存できるかが、生死を分けるのだ。

14

なぜ、服を着たまま溺れたら、服を脱いではいけないの？

不意に海や川、湖に落ちてしまったら、服を着たまま泳がなくてはならない。**その際は、「着衣水泳」を経験している人と経験していない人では助かる確率が大きく変わる。**不意に水に落ちると、人はパニックになって、もがきまくり、体力を消耗して救助前に溺死してしまうのだ。

以前は、服がまとわりついて泳ぎにくいという理由で服を脱ぐことが推奨されていたが、これは相当泳ぎが達者でないと難しく危険なことから、今では着衣のまま泳ぐことが推奨されている。

欧米、特に運河の多いオランダやイギリスでは、

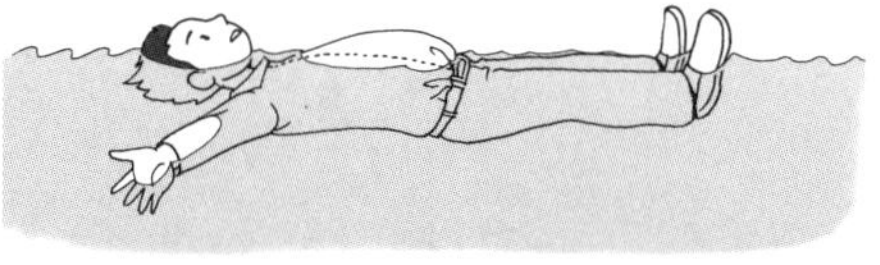

もし水に落ちたら、力を抜いて背浮きの状態になる。シャツの裾をズボンにしまうだけで浮き袋の代わりになる。

SURVIVAL

着衣水泳は小学校のうちに経験するようになっている。日本の溺死者数はイギリスの9倍だが、その違いは着衣水泳があるかどうかであると言われる。実際に着衣のままで泳いでみると服がまとわりつき、水の抵抗が大きくなって速く泳ぐのは難しいことがわかる。**そう、着衣水泳は、泳ぐための訓練ではなく、できるだけ体力を使わないで長く浮いているコツを覚える訓練なのだ。**泳ごうとすると邪魔になる衣服だが、「浮く」ためには味方となってくれる。シャツの裾をズボンやスカートの中に入れると、そこに空気が入って浮きやすくなる。また、スニーカーなどゴム底の厚い運動靴などは浮力が生じる。だがハイヒールや革靴は沈むので脱いだほうがいい。できるだけ浮力を確保して顔を仰向けにした「背浮き」の状態で、極力動かず体力の消耗を防ぎ、救助を待つのが最良の対処法。立ち泳ぎは、服に入った空気が抜けやすいので、体力を消耗してしまう。

しかし実際に経験してみないことには、水で濡れた服でどれぐらいの浮力が得られるかはわからない。日本でも、着衣水泳を幼稚園や学校、スイミングスクールで受けられる場合がある。いざというときに、命を守る大切な技術なので、ぜひ一度経験してほしい。

15

なぜ雪山で遭難したら、「雪を食べてはいけない」の？

SURVIVAL

冬山で遭難した場合に、少しでも助かる可能性が高くなる方法とは？

まず、のどが渇いても、雪や氷を食べてはいけない。**体が冷えて下痢を起こし、脱水症状になって死亡するケースが多いからだ。必ず溶かしてから飲もう。**

火が使えない場合、太陽の熱を利用して溶けるのを待つのもひとつの方法だ。黒いビニルシートの上に雪を置けば、より早く太陽熱で溶かすことができる。それができない場合は、自分の手などを使って溶かす。たとえ手が凍えてしまっても、溶かして飲むほうが体へのリスクが少なくてすむ。最悪の場合は、ごく少量の雪や氷を直接口に入れても、溶けてから飲みこむようにしよう。

よくドラマなどの冬山シーンで「眠ると死ぬぞ！」と意識が遠のきそうな遭難者の頬をビンタするシーンがあるが、**寝袋などがあり防寒ができていて体温が保てる場合は、むしろ眠って体力を回復させることが大切。**眠ると危険なのは、体温が低下し朦朧としている場合だ。**テントなどの設備がない場合は、雪洞を掘ってその中ですごすと、「カマクラ」と同じ仕組みで、寒さを防ぐことができる。**

山で道に迷ったときは、動き回らないほうが生き残る可能性が高くなる。遭難者の多くは歩き回って体力を消耗した末、死亡することが多い。だから安全な場所で体温を保持してじっと救助を待つのが一番。男性より女性のほうが遭難時に生存率が高いのは、じっとしていることが多いからだと言われる。

SURVIVAL 16

運転中、突然ブレーキが効かなくなったら、どうする?

運転中に車のブレーキが効かなくなった経験はないだろうか? 長い坂道でブレーキを多用すると、ブレーキが熱をもって液圧系統の機関に蒸気による気泡が生じて、力が伝わらなくなることがある。これをベーパーロック現象という。**何度ブレーキを踏んでもダメなときは、ブレーキから足を離して徐々にシフトダウ**

ンし、エンジンブレーキで速度を落として回復するのを待とう。

ハンドブレーキを少しずつ引いて速度を落とす方法もあるが、急に引くとスリップするので、注意が必要だ。それでもダメなら待避所やガードレールに突っ込んで停車させる。長い下り坂では、エンジンブレーキを使うよう心がけよう。

エンジンブレーキは、エコ・ドライブにも役立つ。最近の車はコンピューターによって燃料制御されており、エンジンブレーキがかかっているときは、燃料をカットする。昔はギヤをニュートラルにして走るのがエコ・ドライブとされていたが、今の車では意味がない。安全のためだけでなくガソリンの節約のためにも、エンジンブレーキの上手な使い方をマスターしよう。

17

SURVIVAL

ストーカーに遭ったら、まずすることとは？

もしストーカー被害に遭ってしまったら、どうしたらいいのだろう？ 最悪なのは、ひとりで解決しようとして直接ストーカーと対決すること。

ご存じのようにストーカーによる殺人事件は多発している。ストーカーはもと交際相手や、もと配偶者が約7割を占めている。よく知る相手であるだけに、ふたりだけで会って解決しようとするケースが多く、殺人事件にまで発展してしまうのだ。

一番頼りになるのはやはり警察だが、ストーカー行為は立証が難しいため、警察はなかなか動いてくれない。**だからなによりも自分がストーカー行為をされているという「証拠を集めること」が必要だ。**

「いつ」「どこで」「誰に」「なにを」されたのか、きちんと記録を取っておく。

例えば「2012年2月26日、午後8時頃自宅前で、もと交際相手が待ち伏せしていた」とメモ。それが蓄積されていれば警察も動きやすくなる。もちろん携帯電話の会話を録音したり、メールの記録を残したりすることも重要だ。汚物などを送りつけられてきたときは、写真を撮ってから捨てよう。また早い段階で職場や家族、友人に被害に遭っていることを伝え、なにかのときには協力してくれるよう頼んでおこう。

18

なぜエレベーターに乗ったらボタンのそばにいるのがいいの？

SURVIVAL

エレベーターは動く密室だ。凶悪犯とふたりきりになる可能性もある。だから最大級の注意を払って利用するようにしよう。特に人気のない深夜は、見知らぬ人と一緒に乗るのは、なるべく避けたい。**自宅のマンションなどでは、エレベーターが来たら、まず誰も乗っていないことを確認すること。**ドアが半開きのうちに急いで乗る人がいるが、それも危険。なぜなら、エレベーターの中に人が潜んでいる可能性があるからだ。必ずドアは一度全開し、危険がないことを確認してから乗ろう。

乗ったら、なるべくボタンのそばにいるようにする。そうすれば非常ボタンが押しやすくなる。**降りるときは、1階のボタンを押しておこう。**そうしないと自分の自宅階を知られる恐れがあるからね。面倒くさがる人も多いかと思うが、こうしたことを習慣づけることが、思わぬ犯罪から身を守る。

19

SURVIVAL

“ひとり暮らしの女性”はどうしたら危険を防げる？

ひとり暮らしの女性は、様々な犯罪被害を受けやすいので、日常生活にも工夫が必要だ。

まず、ひとり暮らしだと思われないことが大切。犯罪者は郵便物から個人情報を得ようとするので、郵便物が盗まれたり、他人に勝手に見られたりしないような郵便受けにしよう。また犯罪者は、あなたが出すゴミからも情報を得ようとする。個人情報がわかるような書類は、細かく切ってから捨てること。

犯罪者は干してある洗濯物から女性のひとり暮らしを見抜くので、男性の下着を一緒に干すといいだろう。**カーテンの色もピンクなど、明らかに女性的なものは避けたい。**また、ドアの隙間からでも玄関の中は見えるので、**男性物の靴を目立つところに置くのも効果がある。**

宅配便などはドアチェーンをしたまま応対して、サインも伝票を受け取って家の中で書き、荷物は玄関の外に置いてもらい、業者が帰ったあとにチェーンを外して荷物を取るようにする。帰宅の際には、チャイムを鳴らしてから部屋に入るようにしよう。犯罪者はあなたが家に入る様子も陰から見ている可能性がある。あなたがチャイムを鳴らせば、ひとり暮らしではないと思うだろう。

夜道をひとりで帰る際に、「携帯電話で話すふりをしていると襲われにくい」と考える人がいる。これは、携帯ですぐに助けが呼べるという理由からだが、実は、かえって逆効果なのだ。**会話に夢中で、注意が散漫になっているから襲いやすいと考える犯罪者は多い。**夜道は、周囲を警戒している様子を見せながら、足早に歩くようにするといい。

基本的には、ひとりで暗い道は歩かないようにしよう。近道だからと暗い場所を歩いてもいけない。あなたが自分の顔が見えにくい暗い場所を通るときを、誰かが狙っているかもしれないからだ。

帰り道の道順をときどき変えるのも、犯罪者にあなたの行動経路を知らせないために重要だ。

20

あなたも狙われる!? 甘くて辛い「ハニートラップ」

ハニートラップとは、もともと女スパイが男性を誘惑して、情報を聞き出したりすることを言う。**冷戦時代の旧ソ連のKGBがよく使ったとされるが、今では、重要人物をスキャンダルに巻き込んで失脚させるために使われることもある。「俺は政治家でも重要人物でもないから関係ない話!」とおっしゃるあなたも、標的になる可能性がある。**

〝別れさせ屋〟という商売がある。ほとんどは探偵会社がやっていて、依頼は約7割が女性、3割が男性。例えば、別れさせ屋が「夫と離婚したいが、慰謝料などを有利にしたい」という依頼を受

SURVIVAL

けたとしよう。すると女性職員が夫を誘惑するというハニートラップをしかけ、浮気の証拠写真や証拠の品を用意して妻に届けるのだ。こうして夫は離婚せざるを得なくなり、多額の慰謝料を請求される。

ハニートラップがこんな用途に使われ出すとは、スパイも仰天だろう。

21

SURVIVAL

「権利商法」が恐ろしいのはなぜ？

「権利商法」というのをご存じだろうか？　これは、商品ではなく「権利」を売るもので、温泉つきの老人ホームの利用権や水資源の利用権、鉱物の採掘権や新酒の購入権、風力発電の土地利用権や墓の永代供養権などを買えば、高額な配当が得られるとしている。**しかし、その多くは実体がなく**、高額の金銭を騙し取られたという被害報告が消費者センターに相次いでいる。

「朝日新聞」によれば、２０１０年頃からこの種の悪徳商法が見られ、２０１１

年は9月までに寄せられた相談件数1885件、被害総額は29億8955万円に及ぶという。

この権利商法の恐ろしいところは、クーリングオフができないこと。化粧品などの〝実体のある商品〟であればクーリングオフが可能なのだが、権利の場合は適用されないため、このような法律の抜け穴を狙った悪徳商法が横行するのだ。

今のところ、これを防ぐ有効な手段は、「契約しないこと」しかない。きちんとしたパンフレットなどを作って勧めてくるので、つい騙されそうになるが、世の中にうまい話など、そうそうない。

第5章

DISASTER

「自然災害から身を守る」雑学

地震のとき、なぜ「ガソリンスタンド」に逃げ込むといいの？

01

地震のとき、北枕で寝ていた人はなぜ助かったのだろう？

DISASTER

阪神淡路大震災のとき、一戸建ての家の倒壊では、1階にいたほとんどの人が圧死し、2階にいた人は助かっている。意外にも、2階にいる場合は揺れがおさまるまで動かないほうが助かる確率が高くなるのだ。揺れがおさまったら、まず窓やドアを開け放とう。地震で建物がゆがみ、閉じ込められる可能性があるからだ。揺れがおさまってすぐに外へ飛び出すのは危険だ。周囲の状況を冷静に判断してから、屋内にとどまるか外へ避難するか判断しなくてはならない。

木造家屋の場合、縁起が悪いとされている「北枕」で寝るほうが、地震のときに助かる可能性が高いことがわかっている。**それは家屋の構造上、南側に採光のための比較的もろい部分が集中するからで、対して北側は、壁構造が多いために丈夫なのだ。**北枕で寝ると、南側が崩れても頭部が無事である可能性が高い。

02

地震のとき、家の中のどこにいれば助かるのだろう?

DISASTER

地震発生後の10秒間の行動が、生死の分かれ目となる。火の始末などは揺れが収まってからすればいいので、まず頭と足の安全確保に全力を注ごう。足を負傷すると動けなくなってしまう。

よく机の下にもぐれと言われるが、落下物から身を守るためにはいいが、建物が倒壊するほどの大地震の場合は、むしろ危険だ。**世界60カ国で875軒の倒壊した建物で救命活動した経験がある人によれば、机の下にもぐったり車の中にいたりした人は、ほとんどが圧死したという。**

助かった人の多くは、タンスやベッドなどの大きな家具の脇や、車のすぐ横で小さくうずくまっていた。崩壊した天井屋根と、家具などの丈夫な構造物との間に三角形の生

車の外に出て近くにうずくまること。中にいると圧死する可能性がある。

存空間ができ、そこにいた人が助かったのだ。地震の規模によって身を守る場所が違うと覚えておくことが生死を分ける。

▼スーパーで地震に遭ったら？

まずショーケースなど、倒れてきたり割れたりするようなものから離れる。頭を守るためには買い物かごをかぶることが有効で、衝撃を吸収してくれる。分厚い雑誌などは頭を守ってくれそうだが、実際には衝撃を吸収する効果は薄いという実験結果が出ている。

タンスなど大きなものの脇は、壁や天井が崩れても比較的大きな空間が残る。

03 「鉄筋コンクリ」と「木造」、どちらが安全？

DISASTER

阪神淡路大震災では6434人が亡くなったが、そのうちの約5000人、つまり約80パーセントの人々が、倒壊した木造家屋の下敷きになって圧死している。

木造家屋は津波に対しても弱く、高さ2mの津波で全壊するという試算もある。火事や台風にも弱く、耐熱性も低いので冬場は寒い。停電にでもなったら大変だ。防災面から考えると、圧倒的に鉄筋コンクリートの家が優れていることがわかる。**こと災害に対しての選択ならば、地震に強い構造の鉄筋コンクリートにしたいものだ。**「耐震」構造では家の中がめちゃくちゃになることもあるが、揺れ自体を抑える「免震」構造なら、家具が倒れることも防ぐことができる。

しかし、やはり価格がネックとなる。木造建築の場合、平均的な価格は一坪あたり55万円ほどだが、鉄筋コンクリートだと80万円ほどになり、その差約1・5倍。確かに痛い出費。

だが、よく考えてみると木造家屋の場合、建ててから30年ほどで建てかえなければならないが、鉄筋コンクリートの家は耐久年数が倍以上あるのだ。つまり長い目で見ると、木造より鉄筋コンクリートのほうが安くなる、と考えることもできる。

DISASTER

04 外にいたら、ビルから離れるべき？中に入るべき？

都会で大地震に遭ったとき、最大の恐怖はガラスだ。高層ビルが立ち並ぶ街では、ビルのガラスが割れて降ってくるのである。これは東日本大震災でも実際に起こっている。割れにくいガラスや、割れても飛散しにくいガラスも、激しい揺れと津波には勝てなかったし、古い建物や学校などはそういった強化ガラスを使っていないことが多い。しかも風圧の関係で、とがったほうを下にして時速40～60㎞の猛スピードで落ちてくるのだから、手足はもちろん、首すらも切断されてしまう恐れがある。地面に落ちた大きなガラスの塊は、割れて細かく飛散し、跳ね返ったガラスの破片が、さながら散弾銃のように襲ってくるのだ。

どうしたら、このガラスの恐怖から逃れられるのだろう？　ガラスはビルの周囲15ｍにわたって飛散し、場合によっては風で20ｍも飛ばされることもあるので、できるだけビルから離れる。**ビル街にいる場合は、そんなに離れられないから、**

ビルの中に避難するほうが安全だ。それができない場合は頭や頸部の、太い血管が集まる部分を守りながら、大きな街路樹に身を寄せよう。倒壊しそうな古い建物でない限り、絶対に屋内から外に飛び出してはいけない。

05 地震のとき、なぜ「ガソリンスタンド」に逃げ込むといいの？

DISASTER

地震が起こったときに、近くにガソリンスタンドがあったら、迷わず逃げ込もう。ガソリンが貯蔵されているガソリンスタンドは、引火して火災や爆発が起こりそうで危険に思えるが、実は災害時に最も安全な場所なのだ。

なぜなら、ガソリンスタンドは、消防法や建築基準法で耐火や耐震に非常に強い構造になっている。**地下にあるガソリンタンクは分厚いコンクリートに覆《おお》われていて、たとえ地表が火の海になっても引火しないように設計されている。**敷地の周囲は耐火性のある壁で囲むことが義務づけられているので、延焼を防ぐ役割も果たしているのだ。耐震性も優れていて、天井が壊れて落下することもない。東日本大震災でも津波の被害は免れなかったが、地震による被害はほとんどなかった。そのうえ、ガソリンスタンドには貯水タンクが設置されていることも多く、災害の際には防災用品を貸し出してくれる所もあるのだ。消火器や重機も備えていて、消火活動や倒壊した建物からの人命救助の拠点にもなり、とても頼りになる場所である。

また地下街や地下鉄などの地下構造物も、地震のとき地面と一緒に縦横に動くため、構造体にほとんど地震による力が加わらない。そのため地上よりも安全だと言える。ただし、火災が発生すれば煙が充満してしまったり、海岸地域では津波によって海水が流れ込んできたりすることも考えられる。**地震が起きている間と直後は地下に逃げ込み、揺れが完全におさまったら地上へ出るのが最も安全な避難方法だろう。**

「floodmap」というサイトで、海水位が上昇したとき浸水の恐れがある地域を調べられる。自分の住む場所の海抜を知っておくと避難時に役に立つだろう。

http://flood.firetree.net/?ll=35.7643,140.2762&z=7&m=20

06

どうして「緊急地震速報」は地震を予測できるのだろう？

DISASTER

緊急地震速報とは、大きな地震が起こる前にテレビやラジオ、携帯電話などで、それを知らせてくれるシステムだ。**地震は縦に揺れる小さな波（P波）と、横に揺れる大きな波（S波）が同時に発生するが、P波は1秒間に5～7㎞、S波は3～4㎞の速さで伝わる。**そのスピードの差を利用したのが、緊急地震速報だ。

P波を感知した瞬間に警報を出せば、大きな揺れのS波を事前に知らせることができるのだ。しかし、そのタイムラグはわずか数秒～数十秒しかなく、震源地から近い場所では緊急地震速報が間に合わない場合も考えられる。しかし、その数秒が生きるか死ぬかの分かれ目でもあるのだ。

携帯電話での緊急地震速報は各会社によって異なるが、受信できるように設定する必要があるのがほとんどである。

07

巨大台風への対策は、どうしたらいいの？

DISASTER

日本で過去最大の被害を出した台風は、昭和34年9月末に上陸した伊勢湾台風。死者・行方不明者は5000人を超え、過去最大の瞬間風速85・3mを記録。

今後地球が温暖化するにつれ、より大型の台風が日本を襲うようになるという説もある。これまでのように雨戸を閉めるだけの用心では心許ない。

では、どのような対策をすればいいのだろう？　**まず、家の周囲にある倒れそうなプロパンガスのボンベなどは固定し、鉢植えなど飛ばされそうなものは室内に移す。**屋根に破損箇所がないか、雨どいに葉などがつまっていないか点検し、停電に備えて懐中電灯、ラジオを用意しておく。**そして台風がやってきたら絶対に外出してはいけない。**特に川や海に近づくのは危険だ。死傷者の多くは、「まだ大丈夫だろう」と考えて外へ出て、被害に遭っている。また、テレビやラジオで最新情報を収集し、もし避難勧告が出されたらすぐに避難できるように準備しておきたい。

避難する際には、長靴ではなく紐で縛るタイプの短靴がいい。紐でしっかり固定すれば途中で脱げることもないし、長靴は水が入ると非常に歩きにくくなるからだ。老人や子どもがいる場合は、突風に飛ばされないように互いをロープでつなぐ。おんぶなどは、背負っている人も身動きが取りづらくなってしまうから危険だ。また、もし浸水してしまい、腰以上に水かさが増したら、水の中を歩かないほうがいい。水に流されて転倒する危険がある。水に浸からない場所で救助が来るのを待とう。

08

最高「520mの津波」が起きたって本当？

DISASTER

過去に観測されている世界最大の津波は、1958年にアラスカのリツヤ湾で起こったもので、高さ520mにまで達した。**日本でも1771年の八重山地震**

では、石垣島に高さ85・4mの津波が襲った。２０１１年3月11日の地震によって発生した津波の最大の高さは大船渡市の16・7mで、地震発生から十数分後には津波が到達している。大きな地震が起きたら、沿岸地帯の方は1秒でも早く、1mでも高い場所に避難しなければならないのだ。

鉄筋のビルに避難するのも選択肢のひとつだが、高さ16mもの津波に直撃されると、鉄筋コンクリートのビルであっても倒壊するので、山などへ避難するのが最善だ。それが不可能な場合、次善の策として、丈夫なビルなどの建物への避難が命を救う手段だ。もちろん最上階に行かなくてはならない。**東日本大震災の津波で亡くなった人たちがいた階数の平均が1・7階であるのに対して、助かった人たちがいた階数の平均は2・9階。**わずか1階の高さの差が、生死を分けたのだ。

▼なぜ避難できなかったのだろう？

亡くなった人たちが、なぜ安全な場所へ避難できなかったかという調査では、車の渋滞や崖崩れなど避難経路に障害があったというのが18パーセントと最も多い。次に多かったのが、安全な場所から危険な場所へ行ってしまったためとなっている。そんなことをした理由のほとんどが「家族を探すため」だった。

避難場所と避難経路をしっかりと確認しておき、地震が発生したら一刻も早く避難して、「危険な場所にはなにがあっても戻らないこと」である。

09

なぜ地名に「沢・川・池・谷」がつく土地を買ってはいけない？

DISASTER

土地つきの家を購入する際や引越しをする際に、気をつけなければならないのが「地盤」だ。砂丘地帯や三角州、埋立地、昔は河川、池、水田だった所は、地盤が軟弱で地震が起きると揺れが大きくなり、液状化現象（地震によって水を含んだ砂質の土が液体のような性質を示すようになる現象）を起こす可能性がある。

この液状化現象への対策として、建物に杭を打っておくというものがあるが、東日本大震災のときに液状化した千葉県の地域では、ビルが杭ごと倒れ、かなり深いところまで液状化していたことがわかる。土台ごと崩れてしまうので、どんなに頑丈な鉄筋コンクリートで家を建てても、まったく意味がないのだ。**地名に、「沢」「川」「池」「谷」「水」「堀」「田」「沼」の文字が含まれている所は、昔、水に関連のあった土地である可能性が高く、地盤が軟弱な危険がある。**

また、液状化したあとの土地は、砂や土の粒にすき間がなくなって密度が高くなり、地盤沈下を起こすことも多い。近所にコンクリートのひび割れが多い建物がある地域は、地盤に問題がある可能性が高い。

▼地盤調査は、どうやったらいいの?

地盤調査は原則、その土地を買った人の責任と費用によって行なうものとなっているので、不動産業者があらかじめ調査をしていることはまずない。だから、**実際に新築を建てるなら、業者に依頼してきちんと調査をするべきだろう。**また、地盤調査をしておけば、建物が傾いたときなどに調査をした業者の保障を受けられるというメリットもある。

10 雷が鳴ったら、木から離れるべきなのは、なぜだろう？

DISASTER

2000～2009年の『警察白書』によれば、日本での落雷による被害者は毎年平均約15人で、その死亡率はなんと70パーセント。落雷がいかに危険かおわかりになるだろう。では、落雷から命を守るにはどうしたらいいのだろう？

まず雷は、どこにでも落ちるものであることを認識しよう。高い所だけでなく平地や海にも落ちるのだ。よく金属に落ちやすいと言われるが、最近の研究では、ほかの材質と大差ないことがわかっている。ただ、とがった部分に落ちやすいことは確かだから、野球のバットやテニスラケット、ゴルフクラブや傘、釣竿などを持っていたら寝かせて置こう。

雷が鳴ったら、近くに建物や車があればすぐにその中に避難する。ただし柱や壁から離れて部屋の中央にいるようにし、電気器具など通電しやすいものからは離れる。**車の中では金属部分に触れないようにさえしておけば、電流はボディの表面を伝い地面へと逃げていくので安全だ。**トンネルや洞窟も安全性が高いが、テントの中はかえって危険なので逃げ込んではいけない。テントは、その構造上、ポールなどの突起が多く、しかも狭いので、屋内のように柱から離れるなどの対策をとることができないからだ。

▼逃げ場所がないときはどうする?

では周囲に逃げ込む場所がない場合は?

近くに高い樹木などがある場合には、それが避雷針の役目を果たしてくれるので、そこから4m以上離れてしゃがみ込み、指で両耳を塞ぐ。落雷の大きな音で鼓膜が破れないようにするためだ。また、伏せると地面に落雷があった場合、電気が通じる体の表面積が大きくなるので、伏せずに足の裏だけが地

4m以上離れてしゃがむ。

面と接触するようにする。高い構造物の近くに逃げるとそこに雷が落ちてくれ、自分に直接落ちはしないが、近すぎるとかえって危険なのは明白。そして、近くに落雷してもパニックにならないよう心の準備を。近くになにもないなら、できるだけ低地でしゃがんだ姿勢でいること、海水浴などをしている場合は、できるだけ早く水から上がることを心がけよう。

11 どんなアイテムがあれば、地震のときに助かるのだろう？

DISASTER

地震が起きたとき、あったら助かるもの、なにを思いつくだろうか？

まず、必ず用意したいのが「懐中電灯」。夜に地震が起きた場合、暗闇での行動は怪我をする恐れがあるうえに、不安を増幅させ、パニックの原因にもなる。

震度6以上の地震では、固定していないものがすべて動いてしまうから、固定した棚の中や、壁に据えつけておこう。また災害時には、電池は早い時期に売切れ、すぐに入手が困難になるので、手動で充電できるタイプのものがお勧めだ。

▼ストレスを軽減する必須アイテム

「携帯ラジオ」は正確な情報を得るうえで不可欠だ。テレビは停電になれば役に立たず、パソコンや携帯のインターネットも電波の中継地が被害を受けてつながらなくなる。そんなとき、ラジオがあれば正確な情報を入手できる。デマやパニックから身を守り、生死に直結する情報が得られるのだ。東日本大震災のときも、震災当日、一番役に立ったものはなにかという調査をしたところ、ラジオが第1位だった。

もうひとつは、「風呂の水」。震災ではトイレの問題は常に深刻だ。家庭のトイレが水不足で使えない人々は仮設トイレに殺到し、長蛇の列となる。トイレがつまって排泄物で山盛りになれば、不衛生なだけでなく、汚いトイレに行きたくないという心理から便秘になり、病気への引き金にもなる。普段から風呂の水を溜めておくようにしておけば、家庭のトイレを流すことができ、最悪の場合は、ろ過をして飲料水や食べ物の煮炊きにも使えるのだ。

12

DISASTER

災害時に「水は3日分用意する必要がある」のはなぜだろう？

現代の若者に、なくてはならないものはなにか、というアンケートをとると「携帯」や「テレビ」が上位にくるが、震災時になくてはならないものといえば「水」だ。普段は蛇口をひねるとすぐ出てくるため、ありがたみを感じない水も、いざ断水になると、とたんに金より貴重なものとなる。新潟中越地震の際には、脱水症状を起こしたり、水不足によって血液粘度が高くなったことで血栓ができたりして、死者も出ている。

では、どのくらいの量の水が必要なのか？　**体重70kgの成人男性が1日に必要とする水の量は、飲料水、洗顔、調理用などで3リットル**。もちろんこれには、洗濯やトイレ、風呂用の水は含まれていない。

大規模な災害発生から72時間は公的な支援は受けられないとすれば、3日分の水、最低9リットルの確保が必要となる。さあ、今すぐ用意しよう。

でも、万が一、水が足りなくなってしまったら？

実は、各地方自治体ではそのような事態に備えて水を貯蔵している。例えば東京都では、どの場所からも２㎞圏内に給水拠点がある。給水拠点の位置は水道局や市区町村の役所で地図を作成していることが多い。

13

「災害伝言ダイヤル」はどうやって使うの？

DISASTER

災害時には、救助活動に必要な電話回線を確保するために、一般の電話には規制がかけられる。そのため、当然携帯はつながらなくなる。こんなとき役立つのが携帯メールである。**メールには通信規制がかけられないので時間はかかっても送受信できる可能性が高い。**また公衆電話は優先して通話回線を確保することになっているため、通じやすくなっている。災害時にはグレーの公衆電話は無料で使えるようになり、緑の電話は通話後に入れた小銭が戻ってくる。

●災害伝言ダイヤルの使い方●

録音する

①「１７１」をダイヤル
　→音声にしたがって１（録音）を選択
②電話番号（自宅など）を入力
③録音

再生する

①「１７１」をダイヤル
　→音声にしたがって２（再生）を選択
②安否を知りたい人の電話番号を入力
③メッセージがあれば再生される

これらの通信手段がすべて通じない場合、頼りになるのが「災害伝言ダイヤル」だ。

これは、ある人が伝言を録音し、別の人がそれを再生して聞くシステム。例えば被災者が１７１にかけて「みんな無事」と録音しておき、友人が１７１にかけて被災者の電話番号を入力すれば「みんな無事」というメッセージを再生して聞くことができるのである。ただし録音時間は30秒、保存される時間は48時間なので注意が必要だ。一般の電話や携帯からも利用でき、暗証番号を使えば秘密も保持できる。ただし震災時はパニックになり混乱する恐れがあるので、一度、家族みんなで予行演習として使っておくことをお勧めする。

14

DISASTER

なぜ震災後は「小銭」がないと困るのだろう？

日頃財布の中でじゃまもの扱いされがちだけど、災害時には心強い味方となってくれるのが「小銭」。特に10円、50円、100円玉が大活躍する。

停電してもしばらくの間は稼働するよう、バッテリーを備えた自動販売機があるが、動いていてもすぐにつり銭切れになってしまうので、紙幣では買えなくなる。のどの渇きを癒す大切な飲料も、小銭なしでは買うことができないのだ。店舗はほとんど閉まってしまうし、たとえ営業していてもつり銭切れでつり銭をもらえない事態が想定できる。東日本大震災直後は、小銭しか使えなかったという報告もある。また、比較的通じやすい公衆電話を使うにも、小銭は必要だ。**非常持ち出し袋に入れておくといいだろう。**また、停電になればキャッシュカードやプリペイドカードは使えなくなるので、最低でも3日間は家族が生活できるだけの現金を小銭と合わせて用意しておきたい。

15

なぜ放射線の単位はベクレルより、シーベルトが重要なの？

DISASTER

ベクレルは放射線を出す能力の量を表す単位のこと。1秒間に1個の核分裂が起きて放射線が出る量が1ベクレルである。**シーベルトは放射線によって受けるダメージを数値にした単位だから、実際の被爆量はシーベルトで換算する。**つまり私たちはシーベルトを知っていれば、人体への影響がどのぐらいかわかるのだ。

放射線の測定にはガイガーカウンターという機器を使うが、専門家でないと正しい数値は測れない。放射線はα《アルファ》線、β《ベータ》線、γ《ガンマ》線などの種類があり、ガイガーカウンターは人体に影響の少ないα線も、影響の大きいγ線も区別せずにカウントしてしまうからだ。加えてγ線はガイガーカウンターを通過し、測定できない場合もある。また放射線は一定の割合で出るのではなく、強くなったり弱くなったりランダムに出るために、1回の測定では正確な数値は測れない。また、ガイガーカウンターの値段が高いから精度も高いというわけではない。

16

「帰宅」するかしないか？　どちらがいい？

DISASTER

震災や台風などによって会社などから帰宅できなくなる帰宅難民（帰宅困難者）は、大きな問題だ。東日本大震災のときは、交通機関が途絶して、首都圏を中心に約10万人が帰宅難民となった。

通常、徒歩で帰宅できる距離は10㎞程度で、20㎞以上になると朝までに帰宅することは難しい。安全な場所で待機したほうがいい。地上を走る鉄道より、地下鉄のほうが地震や台風に強く、復旧しやすいことを覚えておくと役立つ。

子どもやお年寄りだけで留守番している場合など、歩いてでも帰宅したい人にとって頼りになるのが「災害時帰宅支援ステーション」だ。東京都や神奈川県など8都県がコンビニエンスストアやガソリンスタンド、学校やファミリーレストラン、ファーストフード店や居酒屋のチェーン店などと協定を結んで災害時に水や食料などの供給とトイレの貸出し、ラジオなどからの情報提供を行なうものだ。

第6章

CUSTOMS

知らないと
恥をかく
「日本のしきたり」

箸《はし》で人を指したらいけないのは、なぜだろう？

01

CUSTOMS

どうしたら長時間、正座してもしびれないの？

法事や茶会など、正座をする機会がまだまだある日本。長時間の正座で足がしびれて、立とうとしたら、すってんころりん……これほどみっともないことはない。それを防ぐ「正座の作法」と「しびれ防止策」を教えよう。

まず、意外かもしれないが、服装がかなり重要。**男性の場合はぴっちりしたズボンではなく、ゆったりしたもののほうがよく、女性の場合はヒザが隠れるぐらいの長めのスカートがいい。**しびれは、足の血流が停滞することによって起こる。だからジーンズやタイトスカートのような、きつく締めつける服装は避けよう。

ベストは和服。日本の伝統衣装である着物は、実は締めつける箇所が少なく、長時間の正座でも楽。日本独特の正座の文化には、やはり着物が合うようだ。

しびれを防ぎ、美しい正座をするためには、足首で円を作って、その中にお尻を納めるといい。こうすると足に体重がかからず、重心が後ろになるので背筋も

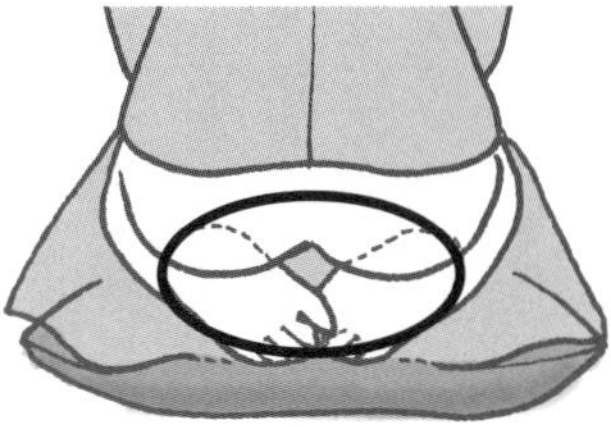

しびれない正座の仕方。足首をまっすぐ伸ばすのではなく、軽く内側に向けて円を作る。

伸びて美しく見える。**足の左右の親指を重ね合わせて、ときどき上下を入れ替え、ヒザはぴったりつけないようにする。**女性なら3～4cm、男性ならこぶし1個分あけるとしびれにくくなる。

それでもしびれてしまったら、立ち上がる前に爪先を立て、カカトの上に体重を乗せた姿勢で、しばらく雑談でもしてしびれを取ろう。立ち上がってすぐに前進するとバランスを崩し転ぶ可能性が高い。一度、後ろに下がってから歩きだすのがコツ！

02 なぜ「名紙」ではなくて、「名刺」と書くのだろう？

CUSTOMS

名刺交換はビジネスの必需品、商談の大切な第一印象となる。だが、日本人の頻繁な名刺のやりとりは、外国人から見ると不思議らしい。海外ではもともと、訪問相手が不在だったときなどに自分の連絡先を残すためのものだったからだ。**ちなみに、「名紙」ではなく「名刺」と書くのは、中国で「刺」と呼ばれる木や竹に自分の名前を書いたことに由来している。**

名刺交換の際は、目下の者が先に出すのがマナーだが、相手のほうが先に出してきたときは、無理やり先に渡そうとせず「頂戴いたします」と言いながら受け取り、改めて自分のものを渡せばいい。

ただ、実際にはお互い同時に差し出すことが多い。この場合は、右手で自分の名刺を差し出しながら、左手で受け取るようにしよう。

名刺を出しながら、自分の社名、部署名、名前の順で言う。相手の名前の読み方がわからなかった場合は、曖昧にしないで、その場で「恐れ入ります。お名前は○○とお読みすればよろしいのでしょうか？」「なんとお読みするのでしょうか？」と確認しよう。2度目に会ったときに確認するのは、失礼になる。

名刺交換は、必ず立ち上がって行なう。座った楽な姿勢のままでは、どんなに言葉づかいが丁寧でも謙虚さは伝わらない。またテーブルなどを挟まず、なるべく相手と近い位置で交換する。**交換したあとは、名刺入れにすぐにしまってはいけない。**テーブルの端に面談が終わるまで置いておくのがマナーだ。複数の人と面談する場合は、席順と同じように名刺を並べて置くと顔と名前が覚えやすい。

▼もらったあとの、このひと手間で人脈が広がる

名刺をもらったら、その日のうちに「お会いできて光栄でした」とお礼のメールをしておくと、誠実な好印象を与えられる。それに、新規のメールアドレスを打ち込むのは意外と面倒なもの。こちらから先にメールを送っておけば、相手はラクにあなたに「返信」できる。これが、ビジネスチャンスを生むのだ。

03

どうして「スルメ」を「アタリメ」と言うの？

CUSTOMS

忌み言葉とは、口にすると縁起が悪いとされる言葉。**結婚式で「切れる」「別**

れる」「終わる」「離れる」「去る」などを使わないことは常識。そんな忌み言葉は、縁起がいい言葉で言い換えることが多い。

葦《あし》という植物は「悪《あ》し」につながることから、「よし」と言い換えることがある。「葛飾区の亀有」という地名ももとは「亀梨」だったが、「梨」が「なし」に通じることから、江戸初期に変更された。

宴会などの終了時に「それではお開きにしましょうか」と言うのは、「おしまい」という言葉が縁起が悪いとされて言い換えられた例。鏡餅を割ることを「鏡開き」というのも同様だ。すり鉢やスルメを「あたり鉢」「アタリメ」と言うのも、「スル」はギャンブルなどでお金をスルに通じるから「当たる」という縁起のいい言葉をあてたのだ。

また病院では整理番号や病室に「4」が使われることは少ない。「4《し》」は「死」を連想させるからだ。また古い言い方で映画のことを「キネマ」と言うのも本来の映画を示す英語の「シネマ」(cinema)が「死ね」を連想させるからだ。

04

「畳の縁《へり》」を踏んではいけないのはなぜだろう？

CUSTOMS

敷居や畳の縁を踏んではいけないのには理由がある。**物理的に、擦り減ったり、傷んだりしやすい箇所でもある。また、畳の縁は一種の結界、神聖な境界線と考えられていたことも理由のひとつだ。**

こんな理由もある。忍者が武家の屋敷を急襲し、暗殺をはかる際に、床下に潜んで敷居や畳の縁の隙間からもれるわずかな光で相手の存在を察知し、刺し貫くことがあった。特に畳は刀で刺し貫くことが難しいので、隙間を狙って突き上げる必要があったのだ。武士がそのように刀を抜く間もなく殺されることは、大変な恥辱だった。そこから「畳の縁を踏まない」「畳の縁で立ち止まらない」という慣習ができた。次第にそのように畳の上を歩くことが様式美とされ、礼儀作法のひとつとなったのだ。

05 箸で人を指したらいけないのは、なぜだろう？

CUSTOMS

こんな箸づかいをしてはいけない、というタブーをいくつか紹介しよう。

「突き立て箸」は、ごはんに箸を突き立てること。仏教では箸を立てたごはんを仏前に供える習慣があるので、縁起が悪い。

「刺し箸」は、食べ物に箸を突き刺して取ること。ツルツルすべってつまみにくいサトイモなどについやってしまいがちだが、マナー違反。箸でふたつに切ってからつまむといい。

「寄せ箸」は、箸で器を引き寄せること。必ず手で持って引き寄せよう。

「渡し箸」は、茶碗などの器の上に箸を渡して置くこと。これは「もういりません」という意思表示となり、箸先の汚れを周囲に見せることにもなって、不快感を与えてしまうから、きちんと箸置きに置くこと。箸置きがない場合は箸袋で作るか、低い小皿に箸の先だけ乗せよう。

「迷い箸」は、なにを取ろうかと皿の上をウロウロさせること。煮物の中でも、こんにゃくを取ろうかニンジンを取ろうかと迷うのもマナー違反となる。

「箸で人を指す」のも厳禁。指で人を指してはいけないのと一緒で、指すという行為は「指示する」こと、つまり相手を見下した行為になるからだ。それに、箸を振り回すのは危ないし、箸先の汚れを撒き散らすことにもなる。

「もぎ箸」は、箸先についたごはん粒などを歯でこそぎ取る行為。くわえて舐め取る**「ねぶり箸」**も同様で、ついやってしまいがちだが、相手に不快を与える。くっつきやすいものを取る前に味噌汁やお吸い物に箸をくぐらせておくと、箸先に食べ物がつきにくい。

06 なぜ、出産祝いや長寿祝いの水引は「蝶結び」なの？

CUSTOMS

友人の結婚式、親せきのお祝いごと、葬式、お見舞い……様々な場面でお金や

「のしアワビ」を表す飾り。
慶事にのみ使う。

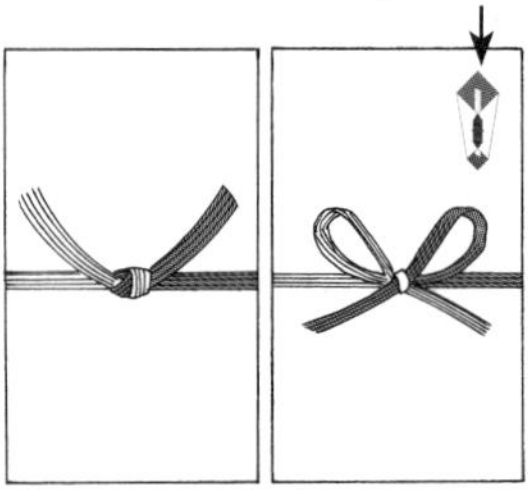

左が結婚祝いや葬儀の際に使われる「結びきり」。右が出産祝いや長寿祝いなどに使う「蝶結び」。慶事なら紅白、弔事なら白黒の紐であることが一般的。

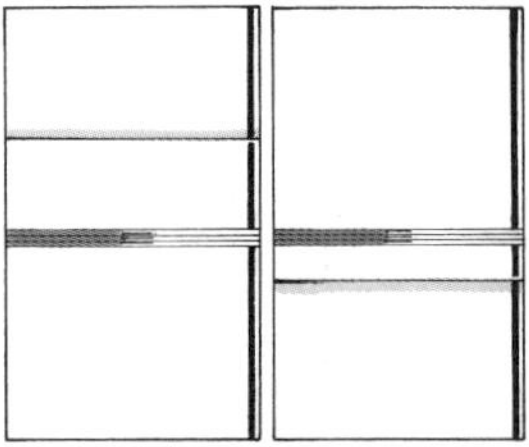

左が慶事の際の折り返し。右が弔事。たいてい、袋の裏面には自分の住所などを書く欄がある。相手が連絡をくれることもあるからきちんと書いておこう。

贈り物に使う包み紙。使い分けなければいけないのはご存じだろうが、どれをどんなときに使うのだろう？

まず、一口に「のし袋」という人もいるが、それはおめでたいときに使う「祝儀袋」のこと。葬儀などで使うのは「不祝儀袋」「香典袋」だ。

「熨斗《のし》」とは、叩いて薄くして天日干しにしたアワビ、つまり「のしアワビ」を神前に供えるときに使った包みが由来だ。上等な和紙で供物や贈り物を包むことで、邪気がつかないようにしたのだという。今でものし袋の右上についている飾りは、のしアワビを表している。

「のし袋」には、「結びきり」と「蝶結び」の2種類がある。「結びきり」は二度とあってはならないもの、「結婚」や「お悔やみごと」に使われる。「蝶結び」は何度あっても嬉しいこと、つまり「出産祝い」や「長寿祝い」などに使う。

慶事と弔事では裏の折り返しが異なる。これを間違えると失礼なので注意しよう。外包みの右の紙が左の紙の上にくるように折るのは慶事も弔事も同じ。祝儀袋の裏面は下になった紙を、上の紙の上に重ねるようにする。これは、「おめでたいことを祝うため、天を仰ぐ」という気持ちを表している。

不祝儀袋は、上の紙を下の紙の上に重ねる。これは「悲しみに頭を垂れている様子」を表している。

07

CUSTOMS

下座が入り口の近くなのは、なぜだろう?

年長者に対する敬意や客人に対するもてなしの心を席次で示そうとするのは、

平安時代から続く日本の風習だ。海外では招待した側が決めた席に座ることが普通なので、役職や年齢で席順を決めるのは、とても奇妙に見えるらしい。海外では通用しないルールなのである。

　席次は原則として、入り口から一番遠い席が上座、入り口に近い場所が下座。**これは目下の者が出入り口付近で色々な世話をするからで、雑用に動く必要のない目上の人間が、一番動きにくい席に座るのだ。**ただし3人以上並ぶ場合は、中央が上座となる。お茶などを出す場合も、上座から順に出すようにする。

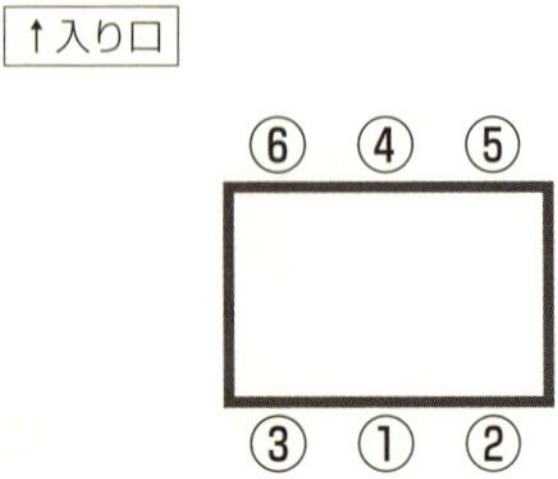

6人がけのテーブル

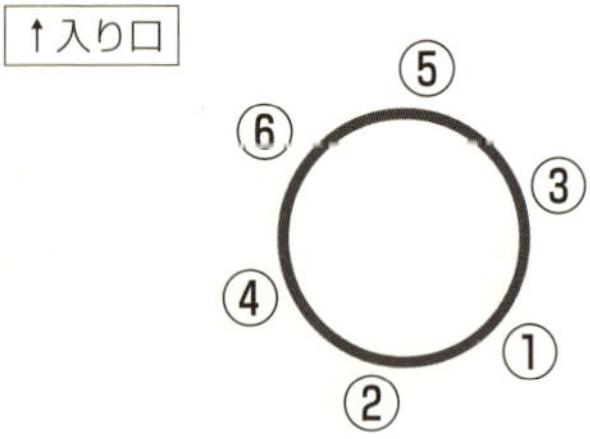

円卓

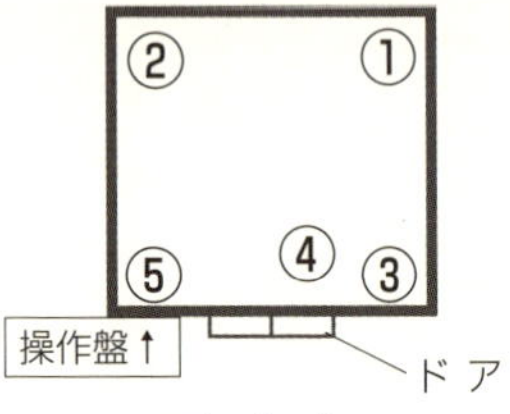

エレベーター

円卓の場合は、入り口から最も遠い位置が上座で、次がその人の左側になる。3番目はその人の右側で、あとはそれにならって左、右の順番となる。下座は入り口に一番近い席だ。

タクシーに5人で乗る場合、上座は後部座席の運転席の真後ろ。2番は後部座席の一番左、真ん中は3番目だ。下座は助手席で、ナビゲートなどの役目がある。

エレベーターにも席次がある。5人でエレベーターに乗った場合、奥の右隅が上座。2番目は奥の左隅だ。3番目は操作盤の反対側の位置で、4番目は入り口付近となる。一番下座は操作盤の前で、エレベーターを操作する役目をする。

08 なぜカバーをかけた座布団は、客に出しちゃいけない？

CUSTOMS

その昔、高貴な人しか使うことができなかった「座布団」には、来客をもてなす心が満ちている。それを足で踏みつけるようなことをしたら、先方の厚意も踏みにじってしまうことになる。**だから座布団を踏んではいけないのだ。**

訪問先の座敷にあがったときは、主人に「どうぞ、お座布団を……」と勧められる前に座ってはいけない。座るときは正座の姿勢から軽く両手をにぎってこぶしをついて、にじり寄るようにして座るのがマナー。**そしてあいさつをするときは座布団から降りる。**座布団から降りるときは座るときの逆で、にじって後ろに下がる。

座布団にも裏表や正面があるから、きちんと表にして出す。座布団の中央にある「しめ糸」の房がついているほうが表だ。座布団の4辺を見ると、3辺は上下の布を縫い合わせてあるが、残りの1辺は縫った跡がないはず。そこが正面だ。来客が座ったときに膝頭がくるほうを正面

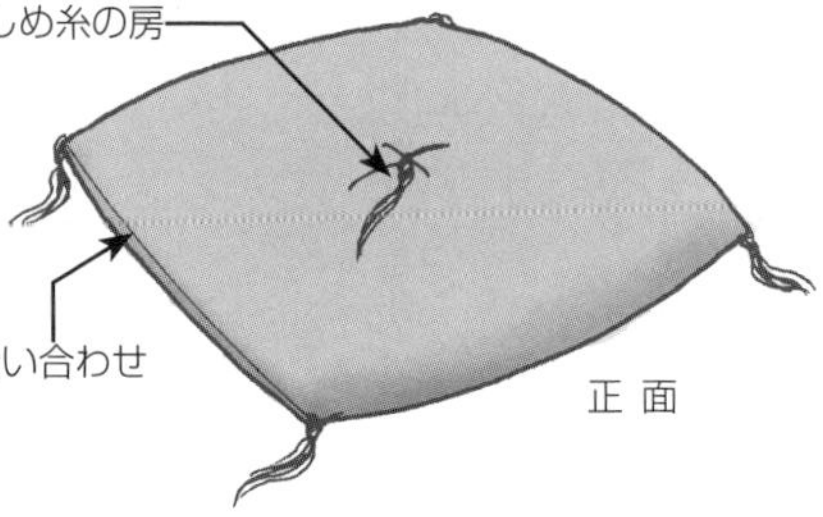

自分で使うときには自由だが、客が来たときは正しい形で出せるようにしたい。

にする。普段使うときは汚れを防ぐためにカバーをかけてもいいが、客に出すときは外すのがマナー。カバーをつけてしまっては、中央の房が見えないからだ。

CUSTOMS

09 なぜ乾杯のとき、グラスをカチンと合わせるの?

乾杯にも作法がある。ビールで乾杯する際にはグラスを「カチン」と合わせればいい。**しかし、ワインの場合は、グラスが薄くて割れる恐れがあるので、グラスをカチンと合わせるのは逆にマナー違反となる。**代わりにワイングラスを目の高さまで上げて、相手の目を見て軽く微笑めばOK。**また、パーティーなどの正式な場では、たとえビールでもグラスをカチンとはやらない。**私たちが思う「乾杯~!　カチン!」は、普段の飲み会でしかやらないのだ。

乾杯の起源は中世ヨーロッパに遡る。互いのグラスの中に毒が入っていないことを確認するために、グラスを勢いよく当てて自分のグラスから相手のグラスにワインを注ぎ、お互いに飲み干すことで毒が入っていないことを示したのが始まりだと言われている。

10 そのお参りの仕方、神様に失礼かも？

CUSTOMS

初詣デート。いざ参拝というときになって、作法がわからずオタオタ。これでは彼女に「頼りない」と思われそう！　いやいや、それ以前に、神様に失礼がないようにしないと、バチが当たってしまうかも。地域や宗派によって異なるが、参拝の日や時間は大安、友引、先勝の日の午前中を選ぶのが一般的。**鳥居の先には神様がいるので、くぐる前に、服装の乱れを整えて気持ちを引きしめ、軽く会釈する。**当然だが、神域内で騒いだりふざけたりしないように。あなただって、知らない人がインターホンも鳴らさずに庭へ入ってきたり、自分の近くでうるさくされたりしたら不快になるでしょ？　それと同じだ。また、参道の真ん中は神様が通る道なので、はじを歩くようにしよう。

境内に入ったら、手水舎《ちょうずや》で身を清める。まず柄杓《ひしゃく》を右手に持ち、左手に水をかけて清める。イスラム諸国では古くから「左手は不浄」と考えられ、その思想が仏教とともに日本にも入ったのだ。神道である神社でも同じ考え方なのは、神仏混交の日本ならではは。左手を清めたら、柄杓を持ち替えて右手もすすぐ。そのあと、また柄杓を持ち替え、左手に水を受け口をすすぐ。柄杓に直接口をつけるのはNGだ。左の掌を洗い流し、にぎっていた柄杓の柄の部分を清めて柄杓を戻す。柄杓は伏せて置こう。

神前に進み出たら姿勢を正す。まずは損得にとらわれず無欲な心持ちでお賽銭《さいせん》。賽銭箱に向かって勢いよく投げるのは、神様にお金を叩きつけるようなものだからやめておこう。

次は鈴を鳴らす。鈴の音は邪気を払い、神様を呼び出す意味がある。再び姿勢を正し、90度の角度で2回礼をして、2回、柏手《かしわで》を打つ。「柏手」は「拍手《はくしゅ》」を読み間違えたとも、打ち合わせた手の形が柏の葉に似ているからとも言われる。

ちなみに、左手は心、右手は体を表すとされ、打つときは右手を少し下にずらしておき、一歩引いた謙虚な姿勢を示す。柏手を打って神を招き、指先をそろえることで、神と自分が通じ合ったことを表しているのだ。

手を合わせたまま、神様に日頃の感謝をしたら、さらにもう1回、90度の角度で礼をする。これを二拝二拍手一拝の作法という。

帰りに鳥居をくぐるときは、体の向きを変えて振り返り、神殿のほうを向いて軽く会釈してから境内を出る。

▼なぜ「神様お願い！」はNGなの!?

あれ？　お願い事は、どう伝えるの？　**本来、神社に参拝する目的は、神様に感謝の気持ちを伝えたり、自分の誓いを聞いたりしてもらうこと。**煩悩を払うための清らかな場所で、「あれがほしい」「こうなりたい」などと神様に要求するのは本末転倒なのだ。それに、神様はあなたの願い事なんて最初からお見通し。日頃から努力して、鳥居をくぐってから帰るまでの行ないが正しく、謙虚な態度であれば願いをかなえてくれるだろう。

11

通夜……お焼香ってどうやるんだっけ？

CUSTOMS

焼香は故人を偲び、冥福を祈るための大切なしきたり。釈迦が生きていた頃から行なわれてきた最も古いとされるお香でもある。数種類の香木を混ぜ合わせて使うのが一般的だが、線香を立てたり「抹香」という香を使ったりすることもある。抹香は、強い芳香が邪気を払ってくれると考えられている。ちなみに、マッコウクジラは内臓から抹香に似た匂いがするのが、その名の由来だ。

また、故人は49日までお香の煙を食べるとされ、仏間の香炉の火を絶やさないようにする地方もある。

焼香の流儀は宗派によって違い、故人の宗派に従った焼香が望ましい。事前に宗派を確認しておくことができ

香を目もとまで持ち上げながら、故人への思いを込める。左手は図のように合掌の形のままでもいいし、右手に添えて動かしてもいい。

れば、心の準備ができるというものだ。

基本作法としては、まず遺族と僧侶に一礼してから焼香台へ向かう。座敷の場合は座布団があっても、そこには座らずに座布団を横によけて座る。そして位牌に一礼し合掌し、右手で香をつまんで自分の目の高さまで運び、軽く頭を下げる。次につまんだ香を香炉に落とす。この回数は宗派によって異なるが、1回でも失礼には当たらない。香を香炉に落としたら再び合掌し、遺族と僧侶に向き合って一礼してから引き下がる。

12

どうして鏡餅を31日に飾ってはいけないの？

CUSTOMS

「普段は気にかけないけど、お正月くらい古きよき風習にのっとって縁起よく過ごそう」と思う人もいるだろう。ではお正月だけ特別にやることってなに？

元旦というのは「元日の朝のこと」を指す。よく「元旦の夕方頃伺います」などと言う人がいるが、これは間違った使い方。「旦」という字は象形文字で、下の「一」が地平線を表し、上の「日」が太陽を表している。地平線から太陽が昇っていく情景を表現しているのだ。**年賀状に元旦と書くなら、元日の朝一番にきちんと届くようにしておきたい。**

鏡餅は12月28日から飾るもの。31日の大晦日に飾るのは「一夜飾り」と呼ばれ、一夜で慌ただしく準備する葬式飾りを連想させるから縁起が悪い。新しい年神に対する誠意にも欠けるとされる。**また、門松を29日に立てるのも、「苦待つ」と言われるので避けよう。**鏡餅は一般的には、重ねた餅の上に楪《ゆずりは》を敷き、その上に橙《だいだい》を載せる。地方によっては昆布《こぶ》を敷くところもある。昆布は喜ぶ、楪は譲る、橙は代々を表している。つまり、「喜びを代々譲っていく」という願いが込められているのだ。

▼正月だけの特別なお酒「お屠蘇《とそ》」

邪気払いと無病息災を願ってお屠蘇をいただく。

お屠蘇は日本酒に山椒《さんしょう》・桔《き》梗《きょう》・肉桂《にくけい》などの漢方薬を浸し、みりんや砂糖で味つけしたもの。大中小の3段重ねの杯を用意し、3度に分けて注ぎ、3口で飲む「三三九度」が正しい飲み方。

3枚の杯を3人が一度に使う地方もあれば、1段目の小さい杯で全員が飲んだら2段目の中くらいの杯で、と順に回し飲みする地方もある。一般に宴席では、酒は年長者から飲む習慣があるが、この屠蘇の場合は年の若い順に飲むのが正式な作法。若者の精気を年長者に贈る、という意味合いがあるのだとか。

13

五月と書いて「さつき」と読むのは、なんでだろう？

CUSTOMS

1月、2月、3月……という呼び方は、ただ数字を並べただけで、どこか味気ない。日本では古来から、別の呼び方があった。それを月の異名といい、伝統的で風情がある。ぜひ、後世に伝えたいものだ。

1月は睦月《むつき》、正月に人々が集い、仲睦まじくすごすという意味。**2月は如月《きさらぎ》**、中国伝来の漢字にそのまま読みを当てている。「きさらぎ」と呼ぶのは寒さが厳しくなって服を着込むことから「着更着」だという説が有力。**3月は弥生《やよい》**、「弥」には「いよいよ」という意味があり、草木がいよいよ生い茂るという意味だ。**4月は卯月《うづき》**、卯の花が咲く時期だから。**5月は皐月《さつき》**、早苗を植える早苗月からきたという説が有力だ。**6月は水無月《みなづき》**、梅雨の季節なのに水がないとは不思議だが、旧暦（太陰暦）で計算しているため、水無月は現在の7月に相当する。だから日照りが続く月なのだ。

7月は文月、「ふみづき」あるいは「ふづき」と読む。七夕の行事に詩歌や書物を奉じる風習があったことからそう呼んだ。**8月は葉月《はづき》**、旧暦だと9月に相当するので葉落月からきたらしい。**9月は長月《ながつき》**、夜長月の略だとか。**10月は神無月《かんなづき》**、この月は全国の神々が出雲大社に集うために神様がいなくなることからそう呼ばれたという。だから出雲地方では「神在月《かみありづき》」という。**11月は霜月《しもつき》**、霜が降りる月。最後の**12月は師走《しわす》**、12月は仏事が多く、僧侶は大忙しとなる。普段は悠然としている師匠の僧も、この月だけは東に西に走り回ることからこう呼ばれている。

14

なぜ新築祝いにライターを贈るのはタブーなの？

CUSTOMS

贈り物をする場合、「慶事には奇数」を、「弔事には偶数」を使うのが原則だ。ただし、4は「死」、9は「苦」に通じるとされるために使わないのが普通。また、8（八）は末広がりなので縁起がいいとされ、慶事にも盛んに使われる。

包丁やハサミなどの刃物は「縁が切れる」ことを連想させるので、婚礼などには贈らないようにしよう。新築祝いや開店祝いには、火事を連想させる「ライター」や「ストーブ」は贈らないほうがいい。また、**お茶は仏事のお返しに用いられるものなので、お祝い事では贈らないのが一般的だ。**しかし、新茶は縁起がいいともされるし、お茶が好きな人になら贈っても問題ないだろう。可愛らしい茶筒を選んだり、紅白の包み紙を使ったりするなどの工夫もできる。

花を贈る際にも注意は必要。**お見舞いには、香りの強い花は避けよう。**種類によって苦手な人もいるし、体が刺激されて気分が悪くなることもあるからだ。また鉢植えは「根づく」から「寝つく」が連想されるので不適当。「菊」は葬儀を連想させ、「シクラメン」は「死苦」につながることから、見舞いの花として適切ではない。花束の本数も同じように、4・9・13本は避けよう。ちなみに、13が縁起の悪い数とされているはっきりした理由はなく、「13はだめ」という考え方だけが広まっている。キリスト教が13を不吉としていることや、名作ホラー映画のチェーンソーを持ったジェイソンのイメージも強いかもしれない。

また結婚式では「黄色いバラ」は避けるべき。花言葉が「嫉妬」だからだ。

15

「大安吉日」って、どんな日のこと？ 誰が決めたの？

CUSTOMS

六曜は、暦の日の吉凶を表すものだ。よく結婚式で「本日はお日柄もよく」とあいさつするが、これは六曜の「吉の日」であることを指している。

起源は中国とされているが、詳しいことはなにもわかっておらず、いつ頃から使われていたのかも定かではない。**日本では江戸時代から使われ出し、明治初期に現在の暦、太陽暦と一緒に普及した。**

六曜とは次の6つ。基本はここで挙げる順に進むが、カレンダーを見てみると、ときどきずれているのがわかる。旧暦の1月1日は先勝、2月1日は友引、とあらかじめ六曜が定められている日があり、そこからまた順に進んでいくからだ。

先勝《せんしょう》……「先んずれば即ち勝つ」という意味。万事に急ぐことがよいとされる。午前中は吉、午後2時〜6時までは凶。

友引《ともびき》……「凶事に友を引く」。かつては「勝負なき日と知るべし」と言われ、勝負事で何事も引分けになる日とされた。「朝は吉、昼は凶、夕は大吉。ただし葬式はよくない日」。この日に葬式を行なうと、故人が友を冥界に引き寄せるとされており、火葬場の休場日となることが多い。

先負《せんぶ》……「先んずれば即ち負ける」の意味。勝負事や急用は避けるべきとされる。「午前中は凶、午後は吉」。

仏滅《ぶつめつ》……「仏も滅するような大凶日」の意味。六曜中、最もよくない日だ。「何事も遠慮する日、病めば長引く」。特に婚礼などの慶事には凶とされている。

大安《たいあん》……「大いに安し」。六曜の中で最もよい日とされている。成功しないことはない日とされ、特に婚礼はこの大安の日に行なわれることが多い。

赤口《しゃっこう》……午の刻（午前11時頃～午後1時頃まで）のみ吉で、ほかは凶、祝い事には大凶とされている。「赤」から、火のもとに気をつけようとも言われる。また、血を連想させるので、大工、板前など刃物を使う人は要注意とされる日。

第7章

HEALTH

病気にならない！「健康雑学」

健康診断、なぜ大人なのに身長を測るのだろう？

01

なぜ体を鍛《きた》えすぎると風邪をひきやすくなるのだろう？

HEALTH

４年に１度のスポーツの祭典、オリンピックでは、選手の３人にひとりが期間中に風邪をひくという調査結果がある。強くしなやかな体を持ち、常に食事にも気を使っているアスリートたち。いかにも健康そうなのに、なぜ？

激しい運動をすると、大部分の血液が筋肉に流れるので、皮膚や粘膜に充分な血液が行きわたらず、皮膚や粘膜の防御機能が手薄になるのだ。**そのうえ、運動による呼吸数の増加で気管が乾燥し、病原菌が侵入、付着しやすくなる。**

それだけなら体も負けないのだが、過労の状態になると、ガードマン役の「ナチュラルキラー細胞」などの免疫機能も下がり、病原菌の侵入を許してしまう。だから合宿中に集団食中毒が発生すると、コーチや監督より選手たちのほうが症状が重くなるのだという。

免疫力の落ちた体は必死にウイルスと闘っているのに、そこに運動によるストレスや疲労が加われば、金メダリストでも風邪をひく。だから風邪かな？　と思ったら、まず休むことが大事。インフルエンザなど、普通の風邪よりも症状が酷いときはなおさらだ。また、熱があってもなるべく解熱剤は飲まないほうがいい。風邪に本当に効く薬はないし、発熱は体がウイルスと闘っている証拠。解熱剤はそれを邪魔してしまうし、選手ならドーピング検査にひっかかる恐れもある。
風邪のウイルスは湿度に弱いので、寝込んでいる間は室内の湿度を上げる工夫が必要だ。外出時にマスクをすれば、自分の呼気で気管を乾燥から守れる。

HEALTH 02

ニコチン依存症とアルコール依存症、タチが悪いのはどっち？

ニコチン依存症の人は喫煙人口の約90パーセント、アルコール依存症は飲酒人口の約4パーセントと言われる。やめろやめろと言われるのは喫煙のほうが多いし、酒よりタバコのほうが怖いのでは？　と思うだろう。確かにタバコも依存性があり、人体に害も多いが、依存が重症化したときに危険なのはアルコールだ。

アルコール依存症は、麻薬中毒と同じ薬物依存症のひとつ。そして〝決して治ることのない病〟なのだ。 ニコチン依存症は、厚生労働省が「完治できる依存症」としており、禁煙に成功した人は、その後吸いたい衝動にかられることも少ないと言う。だが断酒した人は、常に飲みたい誘惑と戦い続けている人が多い。禁酒に成功したという人たちも、なにかの折に少しでもアルコールを口にすれば、たちまち元の木阿弥となるのだ。

アルコール依存症になると、自分の意志でコントロールできなくなり、飲酒をくり返し、アルコール性の脂肪肝になる。そして脂肪肝から肝硬変、肝臓がんになって死亡するケースがあとを絶たない。肝臓の病気は自覚症状がないため、気がついたときには手遅れとなっているのだ。また精神的には、ニコチン依存症にはない幻覚や幻聴が現れ、殺人事件などを引き起こすケースもある。

▼大丈夫？　アルコール依存度チェック

次の6項目中、3項目以上当てはまれば、アルコール依存症の可能性がある。

①最近、お酒の量が増えた。
②今日は飲まないようにしようと思っても、つい飲んでしまう。
③昼間から飲みはじめたり、深夜まで大量に酒を飲んでしまう。
④アルコールを飲まないと汗が出たり、手が震えたり、眠れなくなったりする。
⑤お酒が一番の楽しみ、お酒のほかに夢中になれる趣味などがない。
⑥体調不良の原因になるとわかっているのに、飲んでしまう。
「自分は大丈夫」と言って、病院に行こうとしない人が多い。診断も治療も難しい病気だから、自己判断ですませないで、早めに病院に行ったほうがいい。

▼アルコール依存症になってしまったら、どうする?

アルコール依存症の対策は断酒、それしかない。しかし、自分ひとりの意志で酒を断つことは大変難しいから専門家に相談して断酒会を紹介してもらったり、抗酒剤を処方してもらったりするのが最善だ。抗酒剤は体を下戸の状態にするので、酒を飲むと気持ち悪くなり飲酒を制限できる。重症の場合は、入院するのも効果的。しかし、なんと言ってもアルコール依存症にならないことが一番だ。個人差もあるが、日本酒なら1日2合、ビールなら５００㎖の缶を2本以内などとルールを決めて、週に2日は酒を飲まない休肝日を作るのがベストだろう。

HEALTH 03

なぜ禁煙はそんなに難しいのだろう？

タバコの起源はマヤ文明だとされている。火を神とあがめていた彼らは、タバコの煙を吸うことで神の力を体内に取り込めると考えていたようだ。16世紀にはヨーロッパへ伝わり、当時流行っていたペストの特効薬と信じられ、爆発的に広まった。子どもにも吸わせることを、学校が推奨していたほどである。

キリスト教は、タバコを異教徒の文化として、何度も禁止令を出すが効果はなし。イギリスのジェームズ1世もタバコ税を40倍にまで引き上げたが、喫煙の習慣をなくすことはできなかった。恐ろしいほどの依存性である。

▼あの人はこれで禁煙に成功した!

お昼どきのお笑いテレビ番組の大御所、タモリさん。あの方もかなりの愛煙者だったが、見事禁煙に成功している。**その方法とは、「15秒我慢する」こと。**吸いたい欲求は15秒でなくなるんだとか。これはすぐにでも実践できそう。

手や口が寂しくなって、つい吸ってしまうのが禁煙失敗の大きな理由。読書や携帯ゲームなどで、手持ちぶさたな時間を解消するのも禁煙成功の秘訣だ。

04 どうして「泣く」とスッキリするの?

HEALTH

もう大人なんだし、と泣くことを我慢する人が多いように思うが、思いっきり泣いてみたらとてもスッキリした! という経験、ないだろうか。

涙を流すとリラックスや安静をコントロールする副交感神経が優位にはたらく。

そしてまた、涙は「血液」を原料にして作られるのだが、その際に血液の30倍もの濃度のマンガンが集められる。なぜマンガンばかりこんなに集まるのかはよくわかっていない。マンガンは体に必要なミネラルだが、ストレス物質でもあり、必要以上に増えると感情が不安定になってしまう。だから、泣いて泣いてこのストレスのもとを、体から追い出すと、気持ちが落ち着くのだ。

そしてひとしきり泣いたあとには、脳内に「エンドルフィン」という神経伝達物質が増える。エンドルフィンは「快楽ホルモン」とも言われる物質で、エンドルフィンを放出しているとき脳はα波を出す。

泣くことで副交感神経が体をリラックス状態にし、ストレス物質マンガンを排出し、とどめに快楽ホルモンを作る。これが泣くとすっきりするメカニズムだ。

ちなみに、エンドルフィンが作られるのは、感情によって涙を流したときだけ。**玉ネギを切って涙が出るのは、目を守るための反射にすぎない。**だから、玉ネギを切って泣いても別に気分がスッキリはしないでしょう?

泣くことも、笑うのと同様に体の免疫力を高めてくれる。がん細胞を退治する「ナチュラルキラー細胞」を活発にしてくれるからだ。健康で長生きをしたい人は、よく笑い、よく泣くことをモットーに生きよう！

05

「野菜から食べる」とやせるって本当？

HEALTH

ムリに運動をしなくても、普通にしっかり食べても肥満防止になったり、ダイエットできたりする、そんなストレスフリーの方法があれば、試してみたいと思わない？

最新の研究では、「食べる順番」でダイエットができると言われる。例えば、夕食が「生姜《しょうが》焼き定食」だったらまず、わきにちょっと添えてあるサラダを先に食べればいい。ブリ大根なら、脂たっぷりのブリをほおばる前に大根をパクリ。

そう、「野菜から食べはじめる」のが肥満防止のカギとなる。なぜだろう？

その理由は、野菜に含まれる食物繊維が胃の中で膨張し、あとから食べるタンパク質や炭水化物の吸収を妨げるから。一時的に吸収を抑えられても、本当にダイエットにつながるかどうかは、まだ学術的に証明されていない。しかし、食物繊維が豊富な野菜は、自然とよく噛むから満腹中枢を刺激する。胃の中でふくらむことは食べる量を抑えることにもつながる。それに、野菜を食べなくてはならないという意識がはたらくことは確かで、自然とバランスのいい食卓になる。

06

健康診断、大人なのにどうして身長を測るのだろう？

HEALTH

「お父さんも会社で身体測定するの？　大人は背が伸びないのに？」なんて、子どもに素朴なギモンをぶつけられたこと、ないだろうか？

実際は〝身体測定〟でなく、「健康診断」だ。違いはおわかりだろうか？　子どもが受ける身体測定は、成長の過程を記録することが目的、会社であなたが受ける「定期健診」は、健康維持または病気の早期発見のためのもの。自分自身の健康状態の把握ができ、日常生活を見直すきっかけにもなる。

そのため事業主（会社）は労働者に定期検診を受けさせる義務があり、労働者は受診する義務がある。労働者が受診を拒否した場合、健康回復努力義務違反として、事業主はその労働者を解雇することも法的には可能なのだ。

大人になると、体重を毎日のように量る人は少なくないが、身長を測る機会はなかなかない。だから、年に1回の検診で測ったときに、「うわ、縮んでるよ。俺も年だなあ」ということが起こる。年だなあ、なんて笑っている場合ではない。身長が縮むのはヘルニアや骨粗しょう症の兆候。

最近は、さらに精密な検査をする人間ドックを義務化する企業もある。今や早期のがん治療では日帰り手術も可能な時代。大腸がんも、事前に検診をすれば死亡率が7割も低下する。サボらずちゃんと受けよう！

07 紫外線はお肌だけの敵じゃない!?

HEALTH

夏にこんがり日焼けした子どもたちを見て「元気だなあ」なんて微笑ましく

思っているあなたは、〝紫外線の本当の恐ろしさ〟をまだ知らない。

日本人の紫外線への認識は、世界的に見ても相当遅れている。紫外線は皮膚がんなどを引き起こす一因として避けるべき危険なものであり、外国ではそれがすでに常識となっている。

紫外線には3種類ある。**肌を黒くし、大量に浴びると皮膚のDNAがダメージを受け皮膚の老化につながるUV‐A。**天候に関係なく1年中地表に降り注いでおり、5月が最も強い。これは有害性は低い。

UV‐Bは肌が赤くなったり痛みを感じたりする。大量に浴びると免疫力が低下して、皮膚がんなどを引き起こす。8月、特に晴天の日が最も強い。

3つめがUV‐C。これはオゾン層にさえぎられて、ほとんど地表には届かないが、Bよりも有害性が強く非常に怖い紫外線だ。オゾン層の破壊により、標高の高い土地には届いていることも確認されているが、とりあえず現時点では問題なく、UV‐Cを防ぐ日焼け止めクリームもまだない。

日焼け止めクリームの表示にある、「SPF」とはUV‐Aの影響を防ぐ強さ、「PA」はUV‐Bの影響を防ぐ強さを表している。効果が強いものは、肌荒れなどの原因になるので、屋内にいることが多い日は弱め、レジャーなど長時間屋外にいる場合は強めのものと使い分けるといいだろう。

日本では年頃になってから美容のために紫外線対策を始める人が多いが、子どもの頃に紫外線を多く浴びた人ほど、発がん率が高いという研究結果もある。外で思いっきり遊びたい盛りの子どもにも、できるだけ日陰に入るようにさせ、自分で日焼け止めクリームを塗る習慣をつけさせるといいだろう。

▼紫外線を徹底回避！　オーストラリアの日焼け対策

現在、最も紫外線が強いとされるオーストラリアは、発がん率も高いため、国を挙げて徹底的な対策を呼びかけている。国ぐるみで**「スリップ・スロップ・スラップ・ラップ」**という標語を掲げ、長そでを着る（スリップ）、日焼け止めを塗る（スロップ）、帽子をかぶる（スラップ）、サングラスをかける（ラップ）ことを子どもたちに習慣づけている。帽子をかぶらずに外で遊ぶこと

を禁じる学校も多い。
年々増加傾向にある紫外線量。美容だけでなく、健康をも害するのだから、男性も他人事ではない。今では男性用の日焼け止めクリームも種類が豊富にある。きちんと対策を！

08

「クスリになる酒」「毒になる酒」、境目はどこ？

HEALTH

「酒は百薬の長だから！」なんて都合のいい解釈をして、ベロベロになるまで飲んでいるオジサマがよくいる。おわかりだとは思うが、飲みすぎは薬ではなく毒になる。でも、適量ならば健康にいいのは、本当。適量は、人によってもちろん違うが、日本酒なら1合（180㎖）、ワインならグラス2杯、焼酎は2分の1合、ビールは中瓶1本が目安。お酒好きには、だいぶ少なく感じるだろう。

飲酒のメリットの第1は、ストレス発散に役立つこと。アルコールは、大脳を麻痺させる。理性を保つはたらきをしている部分である大脳のストッパーがはずれると、脳が興奮状態となり、陽気になったり、気持ちが大きくなったりする。陽気にみんなと騒ぐことが、ストレス解消につながる。ひとり酒が好きな人は静かにゆっくり飲むだけでも楽しい。

第2に、血流をよくして体を温め、冷えを防ぐはたらきがある。そう、心も体もあったまるというわけ。

第3に毎日飲酒している人は、心臓の冠状動脈の疾患が少ないという調査結果がある。狭心症・心筋梗塞の予防になる。

では、デメリットは？　というと、一番は、「急性アルコール中毒による死亡」の危険。血中のアルコール濃度が上がると、分解されてできたアセトアルデヒトが増加する。このアセトアルデヒトが、吐き気を促す。そして、酔って意識のないまま吐いたものが、のどに詰まって死に至るのだ。急性アルコール中毒は、ほとんどの場合、心肺停止で死亡するのではなく、この吐しゃ物による窒息死が多いことは、あまり知られていない。

ビール好きな人は、痛風の危険がある。ビールには体内の尿酸値を上げるプリン体が多く含まれるからだ。しかもおつまみとして人気のイカもプリン体が多いので、たまにはナッツや煮物などを食べるのがお勧め。プリン体の摂取量だけでなく、食べすぎも痛風を引き起こすから気をつけて！

また毎日の飲酒量が多い人は、肝臓に脂肪が蓄積する脂肪肝になりやすいほか、ビタミンが不足しやすいことを知っておこう。アルコール分解のための酵素が足りなくなり、ビタミンB_1が手伝うようになるためだ。結果、飲酒すると常にビタミン補給が必要になる。ちなみにビタミンB_1を多く含む食材は、豚肉やウナギなど。適量を知っていれば、おいしいお酒を楽しみながら長生きできて最高！

09

HEALTH

なぜ走るより「歩く」ほうが体にいいのだろう？

健康な体を維持するなら、ジムでハードな筋トレをしたり、ハイペースで走ったりするより、ゆったりウォーキングするほうが効果的なのはご存じだろうか？

ウォーキングは、体に軽い負荷をかけて一定の時間行なう有酸素運動のひとつ。私たちの体は、ウォーキング開始後20分までは血液中の脂肪を使い、燃焼させる。**だから血液サラサラを目指すのなら、20分でも充分。**

だが、体脂肪を減らすには、20分以上のウォーキングが必要になる。できれば毎日やりたいが、忙しい人なら無理せず、週に合計2時間などと運動時間の目標を決めておいて、普段は毎日小分けに30分ずつ、忙しい時期は週末にまとめて1時間ずつ、などと配分する手もある。

20分間以上歩いて、皮下脂肪や内臓脂肪を消費し始めるとき、体はたくさんの酸素を必要とする。だから、より酸素を取り込みやすい有酸素運動が、脂肪燃焼に適しているというわけだ。ちなみに、少し汗ばむ程度の状態が一番燃焼率が高い。

▼もっと効率よくエネルギーを消費するには?

では、筋トレなどの無酸素運動は、やる意味がないのだろうか?

無酸素運動は、脂肪ではなく筋肉にためておいた糖質を使うから、直接脂肪を減らすわけではない。**だが筋肉を鍛えると、基礎代謝量、つまりカロリー消費量が上がって脂肪が燃えやすくなる。**だから、無酸素運動に意味がないわけではない。**逆に、有酸素運動ばかりだと筋肉は弱くなるので要注意。**無酸素運動は体脂肪を分解しやすくしてくれ、ウォーキングの前に筋トレなどをすればダイエット効果はアップ!

ウォーキングは自律神経を整えるので不眠症によく効き、善玉コレステロール値を上げて悪玉コレステロール値を下げる効果もある。また、ストレス発散、便秘解消、ボケ防止にも役立つ、まさに万能薬! ダイエットなら1日30分、健康維持なら1日20分を続けたい。

10 どうして風呂がストレス解消になるの?

HEALTH

日本人の風呂好きは、世界的にも有名。東日本大震災で、瓦礫を利用した即席風呂が作られたという話には、取材に来ていた海外報道陣が「こんなときに入浴したいなんて!」と唖然《あぜん》としたほど。

日本人が長寿なのは、風呂が好きだからとも言われるくらい、湯船に浸かることは、体にとてもいいことなのだ。入浴の温熱効果と水圧効果で、全身がくまなく温められ血流がよくなる。浮力も加わるので筋肉や関節の緊張が取れて、マッサージやストレッチの効果が上がる。ひとつ気をつけたいのは、入浴中のマッサージは、水圧で圧迫されている状態の筋肉にさらに力を加えて強く押し揉む必要はない。リンパや筋に沿って摩るようにすること。

42度以上の熱めの湯は、交感神経を活発にするので、スッキリ目が覚めて頭が冴えわたる。出勤前の朝風呂なら、熱めが適しているだろう。

39度程度のぬるめのお湯なら、脳がα波を出して気持ちを落ち着かせてくれる。

特にいいのが半身浴。38~41度のぬるめのお湯に、20~30分間みぞおちから足までの下半身だけ浸ると、心臓への負担が少なくリラックス効果が高まる。**美容にもいいうえに、「孤独感をやわらげてくれる」という調査結果もある。**体が温まることと心が温まることは、つながっているのだろう。

ただし、お酒を飲んだあとは入浴を避けたほうがいい。風呂に入ると酔いがさめるというが、実際はそんな効果はない。**お酒で脈拍も心拍数も上がっている状態で入浴すれば、血流が乱れ、脳貧血を起こしてしまう。**そのまま意識を失って溺死、という例もあるからご用心。

11

「血管年齢」が高いとどうなるの？

HEALTH

私たちが食べたものは、胃腸で消化され栄養素になって、血液によって全身に運ばれていく。**その血液が通る「血管」の健康度は、実はとても重要なのだ。**

血管の壁に、コレステロールなどの脂質が付着すると、それを掃除するためにマクロファージという細胞が集まってくる。だが、あまりに汚れがひどければ除去しきれず、力尽きたマクロファージは死んでしまう。その死骸が脂質と一緒に固まってこびりつき、ますます血管が細くなり詰まってしまう。そこを血液が無理に通ろうとした結果、血管はふくらみ硬くなる。これが「静かな殺人者」とも呼ばれる動脈硬化だ。自覚症状がないため気づきにくく、がんとともに日本人の2大国民病として多くの患者を生み出している。

通り道が細くなった血管は、充分な栄養素や酸素を全身に運ぶことができなくなり、内臓機能の低下、皮膚のシミ・シワなどをも引き起こす。今は血管の健康状態の指標である「血管年齢」を、病院で簡単に調べてもらえる。

普段から甘いものと油っこいものが好きな人は、血管年齢が高くなっているかもしれない。血液を調べるだけで、がんや感染症、リウマチなど様々な病気の徴候もわかる。

健康のために食事改善や運動をはじめた方なら、どれだけ成果が出たのかがハッキリとわかって面白いだろう。

12

HEALTH

肩こり・腰痛は、どうして起こるのだろう？

肩こりには、いわゆる「病気が原因で起こるもの」と、「病気が原因ではないもの」がある。病気が原因の場合は、整体などでマッサージしようが、安静にしていようが解決しない。このように症状が改善しない肩こりは一度検診する必要がある。特に女性の肩こりは、ホルモンバランスの乱れが原因であることもあるので、ほうっておかないほうがいい。

「病気が原因ではない」肩こりは、肥満・ストレス・眼の疲れ・冷え・運動不足などによるもので、貼り薬・整体・薬などで一時的によくなるが、根本から治るわけではない。**根こそぎ退治するには、ダイエットや、ストレッチをすることが大事だ。**

筋肉は、いつも同じ部分だけを使い続けると歪みが生じる。バランスが崩れた筋肉にひっぱられて骨も歪んでしまい、歪みは関節を拘縮《こうしゅく》させる。つまり、関節の伸びたり縮んだりする力が弱まり、固くなって動きが悪くなるのだ。悪化すると周辺筋肉も固くなり、血液の流れや神経を圧迫する。これが肩こりだ。一部の歪みが、全身に影響するのである。

▼腰痛はなぜ起こる？

腰痛も、背骨の左右についている大腰筋の拘縮によって起きる。ぎっくり腰も仕組みは同じだ。**ある日突然なる、というイメージがあるが、日々の血行不良、姿勢の悪さなどが積もり積もって、なにかのきっかけで痛みだすのだ。**

ちなみに、ヘルニアは少し原因が違う。背骨の間にあるクッションがすり減ってしまい、間隔が狭くなった背骨同士がぶつかって変形し、神経を圧迫するのだ。運動などで改善することもあるが、一歩間違うと悪化させてしまうので医師と相談したほうがいいだろう。

デスクワークなど同じ姿勢が長時間続く人は、ときどき座ったまま伸びをするだけでも予防効果アリ。集中が切れたときにすれば気分スッキリ、一石二鳥だ。

13

HEALTH

「酢」を摂ると、疲れがスッと消えるのはなぜ?

私たちの体は、糖をエネルギーに変換することで動いている。体を動かして筋肉が糖を使うときに出るエネルギーの燃えカスが、乳酸だ。乳酸は疲労回復物質でもあるが、たまりすぎると逆に疲労感につながる。

筋肉にたまった乳酸はミトコンドリアがエネルギーに変えてくれる。乳酸は血液に溶けてミトコンドリアの所まで運ばれていく。**しかし、ミトコンドリアが分解しきれない乳酸は筋肉に残り続けるので、疲労感が抜けなくなってしまう。**

では、疲労に酢が効くといわれるのはなぜだろう?

酢やかんきつ類・梅干しなどに多く含まれるクエン酸は、乳酸を糖に再生しエネルギーにしてくれる。そう、疲労回復を助

けるクエン酸が、酢で補充できるのだ。

運動しても疲れない、しかもやせちゃう!

黒酢やもろみ酢は、アミノ酸を含んでいるから運動前に摂ると効果抜群! ダイエットのための運動だって、疲れやだるさが残らなければやる気も継続するだろう。料理に使わなくても、水で薄めてハチミツなどを加えれば簡単にお酢ジュースが作れる。これが一時期話題になった「お酢ダイエット」だ。うまくいかなかった人は、酢を摂るのと運動のタイミングが、ちぐはぐだったのかもしれない。もう一度、チャレンジしてみては?

14

HEALTH

ショボショボになった目、どうしたらいい?

1日中パソコンとにらめっこしていると、だんだん目がショボショボしてこないだろうか？　これは目が疲れてしまった証拠。眼球は水晶体の厚さをコントロールしてピントを合わせている。長時間、目を酷使すると、その水晶体の厚みを調整している毛様体筋という筋肉がこわ張ってしまう。これが眼精疲労である。ずっと同じ体勢でいると、疲れてしまうのと同じだ。

対処法は、目の周りの緊張した筋肉をほぐしてやること。眼球を上下左右、右回り左回りと動かし、しばらく目を閉じる「目の体操」が有効だ。ツボをマッサージする方法もある。目の周辺で気持ちがいいと感じるところを少し強く、指で押す。ただし、眼球はデリケートなので、くれぐれも強く押しすぎないように。コメカミや首筋、手のひらにも親指と人差し指の間の少し下に目のツボがある。

このほか、温めたタオルを瞼《まぶた》の上に乗せる方法もある。しばらく温めると眼球と周辺の血液の流れがよくなって、スーッと楽になる。同じ理屈で入浴時にシャワーを瞼の上に当てるのもいいだろう。肩や足が疲れたらマッサージをするように、目だって同じように労ってあげなくては。

HEALTH

15

医学が発達しても、がんの死亡率が下がらないのはなぜ？

日本でも死亡率の高いがんだが、その治療法は年々進化し続け、克服できる可能性も大きくなってきている。

ただし、がんの治療が有効なのは、早期発見ができたケースがほとんどだ。そのため国は無料で検診を受けられるクーポン券を発行するなどして、定期的にがん検診を受けることを推進している。

しかし受診率はわずか20パーセント程度。がんの罹患率は年々増加し続けているのに、面倒だから、仕事があるからと病院に行かない人がほとんどなのだ。いくら治療法が発達しても早期発見ができなければ死亡率は下がらない。

あなたのお手元にも受診を勧める手紙、来ていないだろうか？　もし病気だったら、なんて怖がって手遅れになる前に、受診しよう。

16

なぜアニマル・セラピーで癒されるのだろう？

HEALTH

アニマル・セラピーとは、動物を使って患者の症状を軽くする療法だ。よく知られているのがイルカと触れ合ったり馬に乗ったりすることで、子どもの情緒不安定やストレスを軽減する、**自然治癒力を高めるというもの。**

イルカセラピーを実践した人の報告では、自閉症児8人を8日間合宿形式で、午前中はイルカと過ごし、午後はセラピストと過ごさせたところ、「人を近づけさせるようになった」「睡眠障害が改善された」「注意力を持続できる時間が長くなった」などの結果が見られた。また乗馬によって、不登校や引きこもりの子どもが他者を信頼するようになったという報告もある。なぜイルカや馬と接すると、様々な治癒効果があるのか？　理由はわかっていないが、実際に効果があるのは確かだ。

イルカや馬は無理でも、犬や猫を飼うことはできる。マンションでも、フェレットやハムスターのようにあまり鳴かない小動物はOKな所もあるので、ひとつ試してみてはいかがだろう？　子どもの情操を養い、豊かにしてくれることは間違いない。

17 子どもの誤飲、吐かせる？　吐かせない？

HEALTH

子どもの誤飲はよくあること。**なんと0歳児であっても、薬ビンのフタを開けて中のものを取り出すことができる子は3割もいる。**誤飲で最も多いのはタバコで、特に8カ月くらいの幼児に多いのが特徴だ。

もし誤飲に気づいたら、まずなにを飲んだかを確認する。吐かせるなら、大人が片膝を立てて太ももの上に幼児をうつ伏せにして乗せ、頭を低くさせる。そして指やスプーンで舌を押さえて吐かせる。それでも吐かないときは、水か牛乳を飲ませるのだが、ナフタリンなど〝油に溶ける化学製品〟を飲んだときは、絶対に牛乳を飲ませてはいけない。ナフタリンが体内に吸収されやすくなるからだ。

▼吐かせちゃいけないときは、どうしたらいいの？

洗剤や漂白剤を誤飲したときは、水か牛乳を飲ませるが、吐かせてはいけない。吐く過程で喉の粘膜や食道を痛めてしまうからだ。**灯油、ベンジン、シンナー、画びょう、ピン、マニキュア、除光液は、なにも飲ませず、吐かせるのもいけない。**

また幼児の症状に意識混濁がみられたり、痙攣《けいれん》を起こしていたり、吐いたものに血が混じっている場合は危険な状態なので、素人判断で処置をすればさらに悪化してしまう可能性がある。すぐに救急車を呼ぼう。

誤飲は時間がたってから症状が出ることもあり、自宅で処置できたとしても病院で受診しよう。家庭内で起こる死亡事故第1位は不慮の窒息で、その多くが誤飲によるのだ。幼児の手の届くところに飲み込めるものを置かないようにしよう。

第8章

WORLD

知らないでは
すまされない!?
「世界の常識」

なぜ外国人は時間にルーズなのだろう？

01

外国人は、なぜ「生卵」を食べないのだろう？

WORLD

日本人にとって、卵かけご飯やすき焼きに使う「生卵」は欠かせない存在。最近では、卵かけご飯専用醤油《しょうゆ》や卵かけご飯専門店まで登場している。しかし、外国人にとって卵は、生で食べるものではない。刺身と同様、生食自体が気持ち悪いことと、ヌルヌルした食感が鼻水のように感じるのだという。

日本の卵は殺菌消毒して市場に出すため、生でも安心して食べられる。しかも生食を考慮して、消費期限も短く2週間程度に設定されている。**それに比べて欧米では、卵は生では食べない前提で処理しているので、サルモネラ菌に汚染されている可能性が高いし、かなり古い卵が平気で売られている。**消費期限も2カ月くらいあるのだ。海外へ行ったら、生食は厳禁。

▼なぜ卵は生で保存したほうがいいの?

「生卵」よりも、加熱した「ゆで卵」のほうが長もちすると考えたくなるが、実は、ゆで卵の消費期限は5日～1週間と生卵より短い。なぜなら卵は「生きている」から！　殻に1万個ほど開いている小さな穴から呼吸しているのだ。ゆでれば呼吸が止まって死んでしまう。

ちなみに、外国人の苦手な日本食トップ3は、納豆、生卵、刺身。納豆は外国人にとって腐った豆以外の何物でもなく、臭いやネバネバが耐えられない人が多い。刺身も前述のとおり生食は気持ち悪いし、病気になりそうという恐怖が先立つらしい。

映画『ロッキー』で主人公が、コップに生卵を次々と割り入れ、ゴクリと一息で飲み干すシーンがある。日本人にはさほど抵抗のないシーンだったかもしれないが、外国人にとっては相当強烈な、ギョッとするシーンだっただろう。

02

WORLD

外国人との食事では、なにがマナー違反になるの？

外国人と会食するとき、どんなことに気をつけたらいいのだろう？

まず、日本で外国の方を接待するときは、事前に日本のマナーについて説明する必要がある。 宗教やお国柄を事前に確かめておき、相手の体調も気づかおう。時差ボケや胃腸が疲れているときは、どんなにおいしい料理でも受けつけないのは、どの国の人も同じだからね。

さて、日本食では、麺類をすするときにあえてズルズルと音を立てるのがマナーだが、欧米では逆にこの、ズルズル音を立てるのはタブーだから、いきなりやるとギョッとされる。だから蕎麦《そば》を食べるときは、事前に説明しておこう。

また、日本では、ご飯茶碗やお椀を手に持って食べる

のが礼儀だが、欧米では食器を持ち上げるのは、マナー違反。

トルコではナイフを直接手渡しするのはケンカの合図となるため、いったんテーブルに置いて相手にとってもらうようにする。

欧米では肉を切るときは必ず左端から、食べる分だけひと口分ずつその都度切って口に運ぶ。最初に肉を全部切り分けてから食べるのは、料理が冷めたり、香りが飛んでしまうのでマナー違反になるのだ。

03 中国人に「置時計」をプレゼントしたら、なぜダメなの？

WORLD

「ところ変われば品変わる」。これは土地が変われば習慣や言葉が変わることを教えることわざだ。ましてや外国であったらなおさらだ。

日本人は食事をご馳走になったら、次に会ったときに「先日はご馳走様でした」とお礼を言うのがマナー。**しかし中国人はその場でお礼を言ったら、あとは**

言わないのが礼儀だと考える。謝罪の場合も、日本人は「ごめんなさい」や「すみません」など言葉で礼を尽くすが、**中国人は滅多なことでは謝らない。**特に金銭が絡むと、謝った側に補償の責任が発生すると考えるからだ。つまり英語圏の人たちと同じ発想というわけ。

食事の席の習慣にも違いがある。日本の乾杯は最初の1回だけだが、**中国では食事中、何回も乾杯し、注がれたお酒は一気に飲み干すのがマナー。**しかも、強い酒を一気飲みでグイグイあおっても、泥酔することは中国社会では許されない。

また手紙で、名前の下にアンダーラインを入れることや、苗字と名前を離して書くことは、中国では死者に行なう習慣があるから縁起が悪い。

プレゼントに置時計を贈るのもいけない。置時計を贈る（送鐘）と「死に水をとる」（終鐘）という言葉の発音が似ているためだ。**傘も「散」の発音に似ているため縁起の悪いものとされている。**日本でもガラス器は「壊れる」を連想させ、結婚祝いなどに贈るのは不向きとされているよね。

今や、日本の一番のお得意さんである中国人。顔は似ててもその習慣や文化はまるで違うので、正しく理解を深めてから、おつき合いしたい。

04

「血液型」を聞いたら、変な人だと怪しまれるのはなぜ？

WORLD

「血液型が個人の性格的特徴を左右することはない」と多くの学者が唱えている。

そう、A型はまじめで几帳面だとか、B型はマイペースで協調性がないなどという「血液型占い」をすることや、不用意に血液型を聞くこと自体、根拠のない差別〝ブラッドタイプハラスメント〟につながりかねない。

会社の就職面接でも未だに血液型を聞く会社が存在するらしく、血液型でその人のことを判断するなんてナンセンス。

日本社会では、血液型や星座を、なんの抵抗もなく話題にするが、宗教や政治的思想をたずねることはない。逆に西洋人の間では、宗教や政治思想を聞くことはあっても、血液型を聞く習慣はないのだ。

日本人の血液型の比率はA型40パーセント・O型30パーセント・B型20パーセント・AB型10パーセント。だから「あなたの血液型は、A型かO型」と言えば、

70パーセントの確率で当てることができる。また性格も「あなたは真面目ですが、ときどきルーズになることもある」と見立てれば、ほとんどの人が当てはまることになる。これはもう、占いでもなんでもなく、言葉のトリックだ。

ある日本の政治家が自身の失敗を血液型のせいにして謝ったことがあり、欧州の外国メディアからは「失敗を血液型のせいにするな！」と非難を受けた。国が変われば「日本の常識」は通用せず、変人扱いを受けることもあるわけ。

05

WORLD

「I'm sorry」を海外で多用してはいけないのはなぜだろう？

日本では、親は子どもに「嘘をついてはいけない」というのと同じように、「きちんと謝れる子になりなさい」と言い聞かせる。しかし、この「ごめんなさい」を国際的な場で簡単に口にしてしまうと、とんでもないことになる場合がある。

特に英語圏で、日本人は「すみません」と言おうとして、「I'm sorry」を使ってしまう。だがこの「I'm sorry」は、「それは私の過失だ、私に責任があるので謝罪します」という意味になり、「賠償責任を果たすと認めたこと」になる。だから、海外で交通事故や、金銭問題が絡む問題が起きた場合には、むやみに「sorry」と言わないほうがいい。**あなたが被害者であったとしても、裁判で負け損害賠償を支払わなくてはならなくなることもあり得るのだ。**日本人がよく使う「すみません」は、「Thank you」に相当する場合がほとんど。気をつけよう！

06

WORLD

海外で「できの悪い子」と謙遜したら逮捕されるって、本当？

日本人は贈り物をするとき、「つまらないものですが」「お口汚しに」などと謙遜するのが一般的だが、欧米諸国では「これは素晴らしいものなのよ！」などと自分のプレゼントを褒めちぎる。

日本で我が子を、「できのいい素晴らしい子です」などと言ったら、「親バカ」

を通り越して「鼻もちならないバカ親」「イヤ味な親」と思われてしまう。**だが英語圏では、人前では「私の息子は成績がいい」「息子が一流大学に合格した」と嬉々として長所を認め、褒めるのが常識。**そのため「うちのバカ息子が……」などというのを英語に直訳してしまうと、息子を虐待していると疑われかねない。**英語圏に行ったら、堂々と子ども自慢をすべきだ。**

海外では子どもを殴るなどはもってのほかで、そんなことをしたら虐待の罪で警察に通報されてしまう。子どもだけで留守番させても犯罪になる。アメリカで、12歳以下の子どもをひとりで留守番させてはいけないという州法すらある。

WORLD 07

今最も成長しているカタールってどんな国？　なにがすごいの？

2011年、国際通貨基金（IMF）が183カ国について調査した経済成長率のランキングは、上位からカタール、モンゴル、トルクメニスタンだった。2

０１２年は、モンゴルが第1位となっている。**カタールは中東にある面積わずか１万１４３７㎢の小国で、日本の秋田県よりも小さい。**人口は１７０万人ほどだが、そのほとんとが他国から出稼ぎに来た人たちで、今もどんどん増え続けている。

実は、この3国には、共通点がある。**それは豊富な資源があること。**カタールは天然ガスが豊富だ。埋蔵量はロシアに次ぐ世界第2位という。モンゴルはウランや金などの鉱物資源が豊富で、タバントルゴイ炭鉱は中国の勝利炭鉱に次いで世界第2位といわれる。トルクメニスタンも天然ガスに恵まれている。

カタールは輸出国のトップが日本、輸入国トップも日本だ。カタールの発展に日本が寄与し、カタールも日本にとってなくてはならない存在となっている。

急成長を遂げている国は、ビジネスチャンスも大きい。互いの理解を深めて、コミュニケーションを円滑にすれば、双方ともに様々な恩恵にあずかれるはず。

カタールやトルクメニスタンはイスラム教の国。モンゴルはチベット仏教が主流だ。日本人は宗教を重要視しない傾向があるが、ビジネスチャンスを得るためには、相手国の宗教を理解することも重要になる。

08

WORLD

なぜ日本人はオーストラリアが、そんなに好きなのだろう?

あるアンケート調査によれば、日本人が一番好きな国はアメリカ。そして第2位オーストラリア、第3位スイスの順だった。

年代別には、男性では16～29歳は第1位イタリア、第2位アメリカ、第3位イギリス。30～59歳では第1位オーストラリア、第2位アメリカ、第3位イタリアの順で、60歳以上になると第1位はアメリカ、第2位がオーストラリア、第3位がスイスとなり、これは全年代と同じ順だ。

女性の好きな国は、16～29歳は第1位イタリア、第2位オーストラリア、第3位フランス。30～59歳では第1位イタリア、第2位オーストラリア、第3位スイス、60歳以上は第1位スイス、第2位オーストラリア、第3位イタリアとなる。

これらの順位は、過去5～6年変動がない。

オーストラリアは、年齢・男女関係なく支持されている。オーストラリアの雄大な自然や穏やかな気候、英語圏だから言葉に不自由しないこと、フレンドリーなお国柄などがその理由のようだ。日本からの観光客は減少傾向にあるが、代わりに留学生が増加している。

09

外国人が「時間にルーズ」なのはなぜだろう?

WORLD

ある日本人がブラジル人のパーティーに招かれたときのこと。約束の時間ギリギリに到着したので、もう全員集まっているだろうと思ったら、誰もいない。招待してくれた主人を呼ぶと、彼はバスローブを着て風呂から出てきたという。そして「なんでこんなに早く来たんだ?」と怪訝な表情をした。結局、全員がそろったのは約束の時間から3時間後!　だが文句を言う人はひとりもいなかった。

この話からもわかるように、日本人ほど時間を守る人種はいない。**外国では、現地の人が待ち合わせ時間に30分遅れる、電車やバスが時間どおりに来ない、会**

社には遅刻する、それが当たり前。では日本人は、なぜここまで時間に厳格になったのだろう?

江戸時代の日本人は、逆に、かなり大雑把《おおざっぱ》だった。もちろん時計もないし、時刻の数え方も「日の出、日没」を基準に数えていたから、当然、夏と冬では日の長さが変わり、時間の単位である「一刻」の長さも変わった。

近年の日本人が時間を厳しく守るようになった理由の第一は、学校教育だと思われる。小学校1年生から遅刻は最もいけないことと教育され、体や意識の中に深く刻み込まれる。**第二の原因は、電車の運行が時間厳守であることだと思われる。**1〜2分の遅れでも駅員はアナウンスして謝る。時間どおりに運行するのが当然なため、私たちは分刻みで到着時間を計算できる。

「時間厳守の国民性を生みだしたもとは、電車である」という説の根拠として、沖縄の例が挙げられる。沖縄には電車がない。そのため沖縄は比較的時間のルーズな人が多くなったのではと言われる。また地方に行けば行くほど、のんびりして時間的厳密さは薄れる。

10 韓国では、なぜ「割り勘」にしないの？

WORLD

韓国と日本は一番近い隣国で互いに観光客が訪れたり、芸能人の交流も盛んだ。帰化した在日2世、3世、4世も多くいる。しかし長い間国交がうまくいかなかったこともあり、私たち日本人は韓国人のことをあまり詳しく知らない。

韓国は「儒教の国」であるため、年長者は尊重され、年長者に年下の者は従う習慣があり、親の権威は日本よりはるかに強い。外食では必ず年長者が支払う習慣があるのもこのため。**同年齢の人同士の食事でも、割り勘をしないのが普通。**誰かが払い、ご馳走になったら次回は自分がおごるのが韓国の流儀だ。**また食事中に女性が立てヒザをしたまま食べたり、「チッ！」と舌打ちをしたりする風景を見る。**舌打ちは、残念なときや気に入らないときにする行為で、日本と同じ意味だが、ちょっとしたことでも舌打ちするので、日本人はドキッとしてしまう。

日本と同じように箸を使う文化があるが、箸はおかずにだけ使い、ご飯はス

プーンですくって食べる。食器は欧米と同様、手で持たない。箸を使い、日本でも見慣れた料理が多いから油断しがちだが、マナーが異なることは覚えておこう。

一番大きな違いは、韓国が未だに戦争状態にあることだ。1950年に勃発した朝鮮戦争は1953年に休戦協定が結ばれたが、しばしば武力衝突が起こっている。徴兵制度があるのはそのためだ。

また韓国には、113番という緊急電話番号がある。**これはスパイを通報するための電話番号。**発信者を探知できるので、間違って113番に電話すると最悪逮捕される危険性がある。気をつけよう。

11 握手は、男性から女性に求めていけないのは、なぜだろう？

WORLD

握手はもともと「私は手に武器を持っていませんよ」と相手に示すため、つまり、身の安全の保障から始まったという。**握手は本来、武器を持って戦う男同士**

のあいさつなのだ。だから男性から女性に求めてはいけない。女性から求められたときだけ、握っていい。**また、下の者から上の者へ握手を求めることは失礼なので、上の人から求められてからする。**名前を名乗り、握手をしてから名刺交換というのが通常の流れだ。先に名刺を差し出すことのないように。

いざ握手をするとき、あまり軽く握ると警戒していると思われたり、やましい気持ちがあるのかと疑われたりする。相手と同じくらいの力で握り返すのがいい。

12 なぜイスラム教では、豚を食べてはいけないのだろう？

WORLD

イスラム教徒は世界に約10億人おり、ユダヤ教、キリスト教徒の流れをくんだ兄弟宗教だ。イスラム教徒のことを「ムスリム」と言い、聖典「コーラン」はアラブ人「ムハンマド」を通して伝えられた神の声を記した書だと信じられている。

イスラム教徒ムスリムの義務である「六信五行」のうち、六信は信じなければ

ならない6つのこと、五行は行なわなければならない5つのことだ。

六信は「ムスリムは、神・天使・コーラン・預言者・来世・天命を信じなければいけない」というもの。

五行は「『アラーのほかに神なし。ムハンマドはその信徒なり』と声を出して唱えること・1日5回の礼拝・断食・喜捨《きしゃ》・巡礼」の5つだ。礼拝はサウジアラビアのメッカの方角に向かってする。断食は1年間のうちに1カ月間あるが、実は、日の出から日没までの間だけで、そのほかの時間に食事はとれる。喜捨とは豊かな者が貧しい者に寄付、ほどこしをすることだ。

戒律でアルコール・麻薬の禁止、豚肉を食べてはいけないことなどが決められ、血・豚肉は不浄のものとされている。これはイスラム教のもとになったユダヤ教から引き継いだ決まりだ。由来は諸説あるが、豚肉は寄生虫がよくいて、それを食べて命を落とす者が多く出たので、禁じたのではないかと言われている。

▼豚肉のタブーで起きた戦争

イギリス植民地時代のインドで起こった「セポイの反乱」は、1857年から

1859年まで続いたイギリスとインドの戦争だ。学校の教科書に必ず載っている有名な戦争だが、原因は「ブタ」にあると言われている。セポイとは、イギリスの国営的企業だった東インド会社が雇っていたインド人の傭兵《ようへい》のこと。新しいライフル銃を導入するとき、薬包（一発分の火薬と弾丸をセットで紙包みで包んだもの）の紙包みに防湿のためにブタの脂が使われているという噂が流れ、それが反乱の火種となった。ライフル銃を撃つには、薬包を口でちぎらなければならない。セポイの多くはイスラム教徒で、たとえ微量であってもブタの脂を口にすることはタブーだったのだ。そこから反乱に拡大していった。

13 中国人が食事中に食べカスをまき散らすのはなぜだろう？

WORLD

レストランの個室などで、入口近くが下座、奥が上座になるのは中国も同じ。違うのは、中国人は肉や魚などの骨、殻をテーブルの上に直に置いたり、残った水やお茶を床に捨てたりして、散らかしながら食べることだ。日本では考えられないが、これが中国での礼儀。**テーブルの上を汚せば汚すほど「大変ご馳走になり満足しました」という意思表示になる。そして食べ物は少し残すのもマナー。**きれいに食べてしまうと「充分なもてなしではなかった」と判断される。日本とは何もかも正反対。

また最も気をつけたいのは箸の置き方だ。**中国では箸を取り皿や茶碗の上に置くのは「死」を意味するとされ、一番嫌う行為だ。**必ず箸置きに置くように！

14 WORLD 日本の海底にものすごい宝の山があるって本当？

レアアースとは17種類の希《き》土《ど》類《るい》元素《げんそ》のことで、ほんの少し材料に加えることで、その材料の特性を変えたり新しい性質をもたせたりできる。レアアースを混ぜるだけでより耐久性やエネルギー効率に優れた製品を作ることができるのだ。そのため、自動車やパソコン、カメラなど多くの工業製品の製造に使われている。また強力な永久磁力の材料として、ハイブリッド車や電気自動車のモーター、MRIなどの医療機器にも用いられ、安くて質のいい物を作るのに、欠かせない。

このレアアースは、世界中の市場の9割を中国が産出しているため、中国は強力な外交のカードとして、レアアースの輸出制限を利用している。

「言うことを聞かないなら、輸出してやらないよ！」というわけだ。

レアアースは中国だけでなく、南アフリカ・アメリカ・ブラジル・オーストラリア・カナダ・スペインなどでも採掘できるが、安全に掘り出すのにコストがかかるため、コストの安い中国産に太刀打ちできなくなり、廃坑に追い込まれていった。工業製品には欠かせないレアアースの安定的供給を受けたい我が国では、海外での加工工場の建設も始まり、廃品の中よりレアアースを取り出すことを本格化させている。さらに、レアアースの鉱床があることが確認されているベトナムへの進出を考えている企業も増えている。

また2011年、東京大学の研究チームが、太平洋中部の地域とタヒチ島付近

の深さ3500～6000mの海底の泥の中に、高濃度のレアアースが含まれていることを発見した。採取も容易で埋蔵量は陸地部分の埋蔵量の1000倍にもなると推定されている。採掘権を取得できれば、日本がレアアースの輸出国となることも夢ではない。

15

WORLD

食料自給率が低いと、なぜいけないのだろう？

もし国際情勢の悪化や戦争などで輸入がストップしたら、一体どうなるのだろう？　第二次世界大戦のときに明白だったように、日本は輸入がストップしたら、とてもやっていけない国だ。それを象徴しているのが、食料自給率の低さ。

2010年の、日本の食料自給率は、たったの39パーセント。農林水産省が試算した世界各国の食料自給率は、アメリカが124パーセント、フランス111パーセント、ドイツ80パーセントで、韓国でも44パーセントを維持している。日本の食料自給率は先進国の中では最低水準だ。

昭和40年には73パーセントあったが、ここまで自給率が下がった原因のひとつが、日本人の食生活の洋風化にあると言われる。自給率の高い米の消費が少なくなり、自給率の低い畜産品の肉・乳製品・卵などの油脂製品の消費が増えたことによる。つまり日本の伝統的な食文化が衰退した結果、自給率低下を招いているのだ。自給率の高い米や魚を食べることで自給率を上げることはできるはず。

食料自給率が低いと、外交面で強く出られず、他国に実権を握られやすい。それを避けるためにも、食料自給率を上げる必要がある。米が日本を強くするのだ。

16 円高だとなぜ困るのだろう?

WORLD

円高って円の価値が高いことなのに、なぜ困ると言うのだろう? **異なる通貨を交換する比率はそのときの相場によって変わり、これを為替相場と言う。**では、

①1ドルが120円のときと、②1ドルが100円のときでは、どちらが円高になるのか、おわかりだろうか?

答えは②。1ドルと交換するのに100円ですむから、①よりお得。

なぜ、円高の状態が困るのか?　1個1ドルの契約で製品を輸出すれば、円安だと120円になるのに、円高だと100円にしかならないからだ。輸入の場合は逆に、品物がより安く手に入るので、デメリットばかりではないが、日本が工業製品の輸出によって儲けている以上、円高は日本への身入りを少なくするのだ。

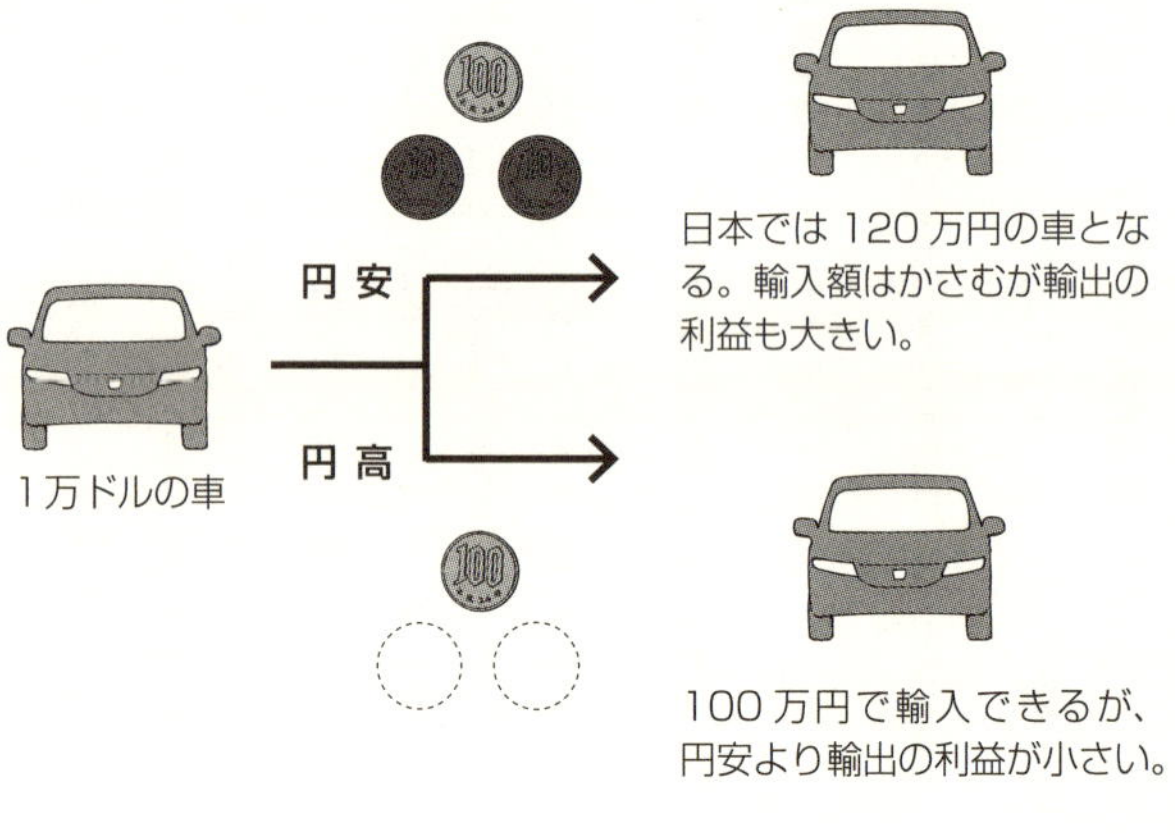
1万ドルの車
円安
円高
日本では 120 万円の車となる。輸入額はかさむが輸出の利益も大きい。
100 万円で輸入できるが、円安より輸出の利益が小さい。

世界の消費税は、いくらなのだろう？10パーセントでも低い？

日本の消費税率は世界から比べれば低いと言われているが、実際のところ、どうなのだろう？

世界中で最も消費税が高いのは、スウェーデン、デンマークで、25パーセント。次がノルウェーの24パーセント、アイルランドの21パーセントと続く。北欧は総じて高い。イギリスは17・5パーセント、フランスは19・6パーセント。

確かにこう見ると日本は低い。アメリカは州や都市によって異なり、アラスカやオレゴン州のように0パーセントもあれば、カリフォルニア州の8・25パーセントまで様々だ。

北欧では高い消費税率だが、食料品の税率は低く抑えられており、また学校・医療の無料化や福祉行政が充実していて、貧富の格差に考慮したバランスを取っている。そのため、国民からの不満はあまり出ていない。

18

海外移住で失敗しない人の共通点って？

WORLD

日本より生活コストが低い国で、老後を悠々自適に過ごしたい、と夢見る人は多い。しかし実際には、移住に失敗する例が多発している。なぜだろう？

日本人はお金を持っていると思われていて、実際に持っていることを隠そうとしない。だから「金を騙し取られた」「食事に誘われて薬を入れられ、その間に金品を盗られた」などの物騒な事件に巻き込まれやすい。

それに、フィリピンなどの物価が安い国でメイドを雇い、至れり尽くせりの優雅な暮らしを想像していたら大間違いだったというのも理由のひとつ。まず、日本食は現地では高級料理で、滅多に食べられない。交通事情もまったく違う。バスはギュウギュウのすし詰め状態で、満員になったら屋根に乗らなければならない。それでも料金は同じなのだ。資金が不足し、働こうと思っても、仕事はまずない。自国民でさえ失業率が高いのに、外国人に回す仕事があるわけがないのだ。

現地の食事や生活習慣を理解し、その土地の言葉を覚える努力ができるなら、移住生活も可能かもしれない。郷に入っては郷に従え。溶け込む努力をしなければ、その土地で暮らしていくのが難しいのは、世界中どこへ行っても同じだろう。

ちなみに、現在の海外移住で一番人気はマレーシア。治安がよく、長期滞在ビザが取得できることが理由だ。そして人気が揺るがないのがオーストラリア。退職者ビザが出るため永住ではないが、ある一定期間暮らすことができる。

19 何気なく使っているシェイクスピアの名言って？

WORLD

「生きるべきか死ぬべきか、それが問題だ」

シェイクスピア悲劇『ハムレット』で、父王を叔父に殺されたハムレットが復讐か自害か、悩み苦しむ場面の一言。彼は復讐を選び、叔父や宰相など、裏切り者を殺していくが、宰相の息子との決闘で剣に塗られた毒に侵され死んでしまう。

シェイクスピアは言葉遊びの名人で、数々の名言を残している。韻を踏んだ台詞や似た音の言葉を組み合わせた早口言葉などが作中に多く出てくる。シェイクスピアが作った数多くの「造語」が、現在も英単語や慣用句として使われているのをご存じだろうか？

例えば「lonely（寂しい、孤独な）」や、「hurry（急いで）」「bloody（血まみれの）」など、名詞を形容詞や動詞にしたものが多い。

「シェイクスピアの名言なんて知らないよ」というあなた、知らないだけで絶対に聞いたことがあるはず。**「終わりよければすべてよし」も、「恋は盲目」も、シェイクスピアの言葉だ。**

ちなみに、某人気アニメキャラクターのセリフ、「俺のものは俺のもの、お前のものは、俺のもの」もシェイクスピアがもとだ。本当は「俺のものはあなたのもの、あなたのものは俺のもの」だが、イギリスでもじられ、日本でも使われるようになったようだ。

第9章

L A W

知れば安心！「法律」の雑学

本籍地が「東京タワー」の人がいっぱいいるって本当？

01

LAW

「東京タワー」が本籍地という人がなぜこれほどいるのだろう？

「本籍」とは、国民の戸籍を管理するためのもの。だから「現住所」と「本籍」は違う。現住所は今住んでいる所だが、本籍地は、戸籍を管理している市町村にある。本籍は、もともとは出稼ぎや進学によって住所が変更になった人がどこ出身なのかを表すもので、戦前、徴兵の際には本籍にもとづいて配属される連隊が決まった。しかし現在では、出身地によっていわれのない差別を受ける差別部落の問題などがあり、迫害される恐れがあったために、本籍は形骸《けいがい》化されつつある。

だから現在では、本籍は日本国内ならどこでもいいとされている。皇居でも、甲子園でも、国会議事堂でも！ どこでも好きな住所を本籍地にすることができる。ちなみに2011年の時点で「甲子園」に本籍地を置いている人は約700人いた。

なぜこんなことができるのだろう？　それは1948年に改正された戸籍法に

より、家族単位の戸籍が成立したことで、戸籍の筆頭者が任意に本籍地を定めることができるようになったから。住民票は、今住んでいる住所の市町村で発行してもらうが、戸籍謄本は本籍地のある市町村が発行する。だから戸籍謄本を取るとき、わざわざ本籍地に行かなくてもいいように（現在では郵送も可能）本籍地を現住所と同じにする人が増えているが、あこがれのあの人の住所を本籍地にすることは自由なのだ。

02

どうしたら戸籍から「バツイチ」離婚履歴を消せるの？

LAW

離婚歴を隠して再婚しても、バレたらいいことはない。しかし、どうしても離婚歴をしばらく伏せておきたいのなら、とっておきの「離婚歴を消去する方法」がある。

戦後すぐの1948年に戸籍法が改正され、それ以後、一家族ごとの戸籍が作られるようになった。昔のような大家族制度が崩壊し、ひとりの家長と一緒に住む両親や子どもらで構成される新戸籍になったのだ。そのため独立して結婚すれば、新たな戸籍が作れることになった。

配偶者である女性が離婚する場合は、夫の籍から抜けるので、別の戸籍に移らなければならない。ここで実家の籍に戻る場合は、籍を抜いた記録と、再び戻った記録が残る。**しかし、実家の籍に戻らず、新たにひとりで独立した戸籍を作ることもできる。このときに、本籍地を別の土地に変えるのがポイント。**本籍が変更され、新しい家長の戸籍が新しい本籍地に保存される。もし、その女性に子どもがいなければ戸籍謄本を見ただけでは、離婚歴はわからない。**筆頭者である男性は新しく戸籍を作ることはできないが、本籍を転籍すれば、離婚歴は戸籍に引き継がれない。**

これは、夫婦の家長（戸籍筆頭者）が男性だった場合、つまり結婚後に妻が夫の名字に変わった場合だが、妻の名字を夫が名乗っていた場合は、男性が新しい戸籍を作り、女性は転籍という方法を取ればよい。

03

どんな場合に離婚が認められるのだろう？

LAW

離婚は、結婚するときよりもエネルギーが必要だ。いったい、なにがそんなに大変なのかって？　両者が離婚に合意しない場合は、調停や裁判に持ち込まなければならず、莫大な労力に、時間もお金もかかるからだ。しかも、裁判中は収入が減る、家事が満足にこなせずに健康面で障害が起こるなど、生活が困難になるケースが多い。それでも離婚したい方は、こちらをどうぞ。

裁判で離婚が認められるケースは、以下のとおり。

①どちらか一方の「不貞行為」（浮気など）**が立証された場合。**

②「暴力」（医師の診断書などによる立証が必要）。

③家庭を顧みない、生活費を家に入れない、家事育児をしない、などの「遺棄」。

病気などの理由で、したくてもできない場合もあるので、これはあくまでも「悪意」がある場合。

④**「生死不明」**（家を出て、行方知れずになってから3年以上になる場合）。
⑤**ギャンブルなどで借金を重ね、家庭が壊れているような場合。**

なお、よく離婚の理由に挙がる「性格の不一致」は、互いに離婚の合意が得られれば問題なく離婚が成立するが、裁判で認められるには〝極度の〟性格の不一致が認められることが必要で、家庭生活が壊れ回復の見込みがない場合などだ。

同居している家族との不和なども、理由として認められるケースがある。

また、どちらかが度を越した宗教活動をしている場合、強度の精神障害で回復の見込みがない場合、犯罪を犯したために家族の名誉が著しく傷つけられた場合なども、認められることがある。

さて、離婚を突きつけられたが、自分には落ち度もなく離婚理由も理解できない、離婚したくないという場合には、勝手に離婚届を出されないように「離婚届不受理申込書」を各自治体に提出しておけば、6カ月間は、離婚届を受けつけないようにすることができる。

別居が長期間続けば、婚姻関係が実質的に破たんしていると見なされ、その後の裁判で離婚できる可能性が高い。話し合いがこじれたり、裁判でも離婚できなかったりしたら、三くだり半をつきつけて家を出るという強硬手段もアリ！

04 なぜ盗まれた車が事故を起こしたら持ち主の責任になるの!?

LAW

「盗まれた自分の車」で事故を起こされ、あげくのはてに事故の被害者から賠償金を請求される……。**そう、たとえ盗まれたものであっても、車があなたのものなら、あなたが賠償請求される可能性があるのだ。**「そんな理不尽な！」と思うよね。車を盗まれたのだから、あなただって被害者なのに。怒りたくなるのも無理はない。

そして、たとえ盗まれた車でも、賠償責任を負わなくてはならない場合があると、「自賠責法3条」と「民法715条」で定められているのだ。適切な管理義務が使用者（持ち主）にはあり、その義務を怠ったと判断されると、持ち主に損害賠償責任が発生する。では、どんな事例が当てはまるのだろう？

まず、キーを差したままドアをロックせずにいて盗まれた場合は「管理が甘い」と判断される可能性大だ。さらに路上駐車をしていたり、持ち主がコンビニに入るなど車から離れていたりするのもよくない。

目を離した隙に乗り込んだ盗難犯が、直後に事故を起こした場合なら「ロックしておかなかったあなたにも責任がある！」とされてしまうのだ。

だから、車が車庫に入っていたときに盗まれた、鍵をかけていた、盗難届をすぐに出した、盗難後時間が経っている、窃盗した者を知らない、などの状況なら管理責任は問われないが、盗まれてから時間がたっていても、盗難届が出されていなければ、損害賠償を払わされる場合が多いので要注意だ。

05

妻が夫に内緒でした借金、夫に返済義務はあるの？

LAW

妻が夫に内緒でブランド品を買いあさり、莫大な借金をしてしまった。この場合、夫は借金を返さなければならないのだろうか？

逆に、夫が競馬で作った借金を、妻が返さなければならないことはあるのか？

実は、両方とも返済義務はない。ただし連帯保証人になっていた場合だけは別。**たとえ相手が他人でも、連帯保証人になっていたら、返さなければならない。**

しかし、夫が〝妻にこっそり内緒で〟連帯保証契約書の保証人欄に妻の名前を書いていた場合は、支払う義務はなく、契約書は無効にできる。ただ、しつこく催促されて、ついうっかり「では私が代わりに支払います」などと言ってしまった場合は「追認」し、「債務の引き受け」をしたとみなされるので、決して脅しに屈してはいけない。

では、妻が生活費が苦しくてつい借金をしてしまい、雪だるま式に増えて返せなくなってしまった場合はどうなるのだろう？　この場合は民法７６１条「夫婦の一方が日常の家事に関して第三者と法律行為をしたときは、他の一方は、これによって生じた債務について、連帯してその責任を負う」が適用される可能性がある。つまり、妻は生活費のために借金をしたわけだから、夫にも責任があるということだ。

06 隣の家が火事を出しても、弁償責任はある？

LAW

日本は、土地が狭いため家屋が密集しており、整備されていない迷路のような路地は消防車も入れないため、一度火を出すと手に負えなくなる。それゆえ「失火ノ責任ニ関スル法律」が明治32年に作られ、現在もそのまま存在している。いわゆる「失火責任法」だ。この法律は、もし火事を起こして近隣の住宅まで被害が及んでしまっても、重大な過失がなければ損害賠償責任はないので、弁償などしなくてもよいと定めている。

では「重大な過失」とはどの程度までだろう？　寝タバコで出火した場合や、引火しやすいストーブなどを点けたまま寝込んで出火した場合、油を火にかけたままその場を離れて出火した場合などは、弁償義務が生じることがある。

賃貸アパートやマンションに住んでいる人が火事を出してしまった場合は、どうなるのだろう？　**この場合、過失がなくてもオーナーに対する補償が必要にな**

る。自分の部屋だけでなく、類焼した部分までの修繕費などを請求され、火災の規模が大きいほど支払額も大きくなる。木造建築が多く火事の被害に遭いやすい日本に住む限り、火災保険は何がなんでも入らなくては！

07 今、流行りの「フィッシング詐欺《さぎ》」ってなんだろう？

LAW

ある日あなたにメールが届く。よく利用する信頼できるオンライン・ショップからだった。内容は「新しいサービスが始まるので再登録してほしい」というもの。なかなか魅力的だったので、あなたはメールに貼られていたアドレスにアクセスして名前や住所、クレジット番号などを入力した。

数日後、あなたにクレジット会社からハガキが届く。あなたは驚く。そこには、身に覚えのない数十万円の買いものの代金の請求が記されていたからだ！

これぞまさに、インターネットで横行しているフィッシング詐欺の典型例だ。

「フィッシング詐欺」とは、私たちが使っている銀行や企業のサイトとそっくりな偽のサイトに誘導して、クレジットカードの番号やID・パスワードを入力させ、個人情報を盗み取るもの。

先の例のように、最初に「新規サービスへの移行のため、登録内容の再入力をお願いします」「当社の情報が漏洩しています。対策方法として以下のホームページに入って、クレジットカード番号・有効期限・住所・氏名を入力してください」などというメールを送りつけ、個人情報や暗証番号などを盗むのだ。

しかし銀行や企業では、メールで個人情報を問い合わせることはない。安易に個人情報を入力せずに、企業や警察のサイバー犯罪対策課（03-3431-8109）に照会しよう。

大事な個人情報は安易にネットで入力しないこと。メールやネットの情報が、本当に正しいものかどうか判断することを忘れないで。

08

どうやって使うの？　クーリングオフ

LAW

クーリングオフとは、直訳すれば「頭を冷やす」こと。つい口のうまいセールスマンに乗せられて商品を買ってしまったが、「よく考えたら不要だった」あるいは「高額すぎて支払えない」と気づいた場合に、契約ずみであっても解約できる制度だ。これは特定の商品取引に採用されている。

特定の商品取引とは次のとおり。

第1に「訪問販売」。これは通常の訪問販売のほかに、キャッチセールス、アポイントメントセールスなども含まれる。クーリングオフ期間は契約した日から8日。

第2に「電話勧誘販売」。これは読んで字のごとく電話による販売だ。これも、クーリングオフ期間は8日。

第3に「連鎖販売取引」。マルチ商法がこれに含まれる。加入者がほかの人を組織に加入させ、新しく加入した者が別の人を加入させ、組織を拡大させていく販売方法だ。クーリングオフ期間は20日。

第4に「特定継続的役務提供」。エステティックサービス・語学教室・家庭教師・学習塾・パソコン教室・結婚紹介サービスの6種でいずれも5万円以上の契約の場合。期間はエステティックが1カ月以上、そのほかは2カ月以上の契約期間があるものに適用される。クーリングオフ期間は8日。

第5に「業務提供誘引販売取引」。仕事を提供するが、その条件としてなにかを購入させるもの。例えば、「高収入の内職がある。それにはこのパソコンが必要だ」と騙して買わせたりする〝内職商法〟や〝モニター商法〟がある。浄水器を購入し、その感想を提出すれば、モニター料がもらえる。または着物を購入すると、展示即売会でアルバイトできるなど、セットの甘言でものを売る商法だ。

▼クーリングオフができないのは、どんなもの？

通信販売は、クーリングオフの対象外だ。これはテレビやカタログで「買おう」と決めて買うから、失敗しても本人の責任ということになる。しかし返品不可の表示のないものは、商品を受け取ってから8日以内であれば、送料自己負担で返品できる。サプリメントなどの消耗品は、少しでも使ってしまったら返品できないので注意が必要だ。

また、クーリングオフに関する通知は、必ず書面で行なわなければならない。クレジットの場合は、クレジット会社と販売会社の両方に送ること。必ずコピーを取り、郵便書留などの証拠が残る方法で送るのがポイント。それらのコピー・受取証は、5年間保存が必要となるので要注意。店頭に行って選んで購入したものに関しては、クーリングオフはできない。

09 交通事故に遭ったら、まずなにをすればいいのだろう?

LAW

万が一、交通事故に巻き込まれたら、ほとんどの人は平常心を失ってしまうだろうが、次の4つのことだけは、やっておきたい。

まず、ケガ人の救助。これは救急車を呼べばOK。

次に警察への通報。これは「道路交通法72条」に規定されている。連絡しないと事故証明を発行してもらえず、保険を使うことができなくなる。

3つ目。警察が来るまでの間に、相手の免許証を見せてもらい、住所・氏名・車のナンバーは最低限控えておこう。

4つ目が、保険会社への連絡だ。事故による様々な出費や手続きなどに対応してくれる。その後、もし病院へ行かなければならなくなったときは、保険を受けるために病院治療費や通院のためにかかったタクシーの領収書などを取っておく必要がある。付き添いが必要だと医師に判断された場合は、付き添い人の費用も保険会社に請求できる。入院のためにかかる雑費も一定額で日数分、支払いの対象になる。通

院交通費、葬儀代なども対象になる場合もある。

事故に遭って動転しても、これらのポイントは押さえておかないと、さらに痛手を負うことになる。肝に銘じて冷静に行動しよう。

10 突然、任意同行を求められたらどうする？ 「署までご同行願います」

LAW

なにも悪いことをしていないのに、突然警察に同行を求められたらどうしたらいいのだろう？　**警官が「逮捕状」を携帯していない場合は「任意取調べ」と言って、本人の意志で行っても行かなくてもいいのだが、実際は拒否すると逮捕される可能性がある！**　警察側が疑っていて取調べを行なおうとしている以上、簡単に拒否はできないのが実情だ。

では、任意であるはずの取調べを拒否して、逮捕されるのはどういう場合か？

「刑事訴訟法212条」に、「逃げようとした場合は逮捕が可能」という項目があり、これに当てはまるとされれば逮捕状がなくても逮捕できる。一度逮捕されてしまえば、取調べに弁護士が立ち会う許可を取ることは難しく、もし取調べを否認し続ければ、起訴されるまで弁護士以外の誰とも面会できなくなる。

だから「署までご同行願えますか？」と任意同行を求められたら、まずは電話を1本入れさせてもらい弁護士に連絡してから、逃げずに同行するのがベストだ。

もし相談する弁護士のあてがなければ、同行を求めてきた警察官に頼めば、警察側が弁護士を手配してくれる。無実なのに動揺して供述が矛盾しては、ますます怪しいと疑われてしまう。**そういった状況に陥らないように、弁護士が来るまでは黙秘するのも身の潔白を示すには必要な手段だ。**

11 犯罪に巻き込まれてしまったとき、どんな救済措置がある？

LAW

振り込め詐欺《さぎ》や窃盗などの犯罪に遭って被害を受けたら、どうしたらいいのだろう？　以前は、このような財産犯の場合、たとえ犯人が捕まっても、犯人がその犯罪によって得た収益の没収や追徴は禁じられていた。しかし、「組織犯罪処罰法」の改正により、平成18年12月から、詐欺罪や高金利受領罪（出資法違反）などの犯罪行為により犯人が得た財産（犯罪被害財産）は、その犯罪が組織的に行なわれた場合などは、犯人から没収できるようになった。

そしてその財産を金銭化し、「給付資金」として保管し、そこからその事件で被害を受けた人に支給する制度ができた。これが「被害回復給付金支給制度」。しかし自分で申請しないと給付されないので、面倒がらず検察官と相談して手続きをしよう。

また傷害などの刑事事件の場合は、「犯罪被害者給付金支給法」という法律がある。この第3条に、「犯罪被害者は国から補償を受けられる権利を有する」と被害者の権利が明文化された。殺人事件などの場合、遺族も給付を受けることができる。被害を金銭で補うことはできないが、再出発の手助けになる。

12 拾った財布をネコババしたら、窃盗罪？ 横領罪？

窃盗とは他人からものを盗むことで、空き巣や万引き、置き引きやひったくりなどがある。窃盗の罪は「10年以下の懲役または50万円以下の罰金」と定められている。**窃盗であれば100億円盗んでも10年を超える懲役になることはない。**

以前は「他人のものを盗んだ者は、10年以下の懲役」しかなく、たった100円のガムを万引きしても懲役になるケースがあり、社会問題となったため、平成18年に「又は50万円以下の罰金刑」という条文が加えられた。

横領罪は「5年以下の懲役」となっているが、横領にも「業務上横領」と「遺失物等横領」がある。業務上横領は「10年以下の懲役」。

注意しなければならないのが「遺失物等横領」だ。これは拾ったもの、誰かの忘れ物などを自分のものにしてしまうことで、「1年以下の懲役または10万円以下の罰金または科料《かりよう》（1000円以上1万円未満の罰金のこと）」になる。

LAW

では、この横領はどの程度で成立するのだろう？　例えば、「スーパーで床に落ちていた1万円を拾った」「道に落ちていた財布を拾ってネコババした」などの場合でも適用されてしまう。

窃盗罪は「他人の持ちものをその人から盗むこと」で、横領罪は「他人の持ちものだが、一時的に今は自分が所有しているものとして扱うこと」。例えば、社員のひとりが会社から業者へ支払うお金を預かっていたが、自分のために使うというようなケースが、横領罪となる。

13

借金が返せなくなったら、「自己破産」するしかないの？

借金を返せなくなった人が取る手段として、「個人再生」「任意整理」「自己破産」の3つがある。

「個人再生」とは、裁判所に申し立てをして借金の額を減らしてもらう方法だ。

LAW

例えば、借金が500万円残っている人が、「500万円のうち100万円だけは3年かけて返済します」という再生計画を裁判所に提出し、裁判所が認め、約束どおり返済できたら、残りの400万円の借金は免除される。**自分の資産や持ち家を守りながら、借金の負担を軽くできる。**

「任意整理」は、裁判所を通さずに弁護士が貸金業者と示談の交渉をして、長期分割の支払い方法を契約するもの。この場合は利息の減額を求めることが多い。

最後に、個人再生や任意整理もできない場合は、「自己破産」の申告をする。これは、利息制限法を利用して債務を減らしてもなお債務が残り、返済が困難と判断された場合のもので、裁判所が認めたら免責手続に進む。借金は全額免除されることになる。**しかし、ギャンブルや極度の浪費などで借金を作った場合は、自己破産を許可されない場合もある。**

これらの方法を使う場合、事前に「過払金返還請求」が行なわれる。これは利息制限法で規定されている15~20パーセントの利息を超えて払い続けた場合、過払い分を計算して処

理すること。過払金を残っている借入金に算入して額を減らしていく。また、過払金によって借入金そのものがすでになくなっている場合は、過払い分を返してもらえる。通常、返済期間が5～7年以上になると過払の可能性が高くなる。

自己破産する人の数は平成15年がピークで24万人超、その後減少しながら、15万人前後を推移している。自己破産は人生をやり直すための大切な制度でもある。この制度があるので自殺を思いとどまる人も多いという。

▼借金しても自己破産すればいいんじゃない？

よく、自己破産すれば借金問題は解決すると安易に考えている人がいるが、それは違う。まず持ち家などの財産は競売にかけられる。（生活必需品は処分されない）。さらに、多くの金融機関では5～10年間ブラックリストに載り、5～7年は、クレジットカードや借金、住宅ローンも組めなくなる。また自己破産するためには弁護士に依頼することが多く、その費用（30～60万円程度＋実費）は決して安くない。しかも国が発行する官報に実名が記載されるため、ネットで官報を検索すると、自己破産をしていることがバレてしまう可能性がある。

14

どうしたら、友人に貸したお金をちゃんと返してもらえる？

LAW

知人に50万円貸したが返してくれない。そこで弁護士に依頼したところ、費用が100万円もかかると聞いて泣き寝入り……そんなことが昔は多くあった。

そのため、裁判の簡略化・スピードアップをモットーに1998年に「少額訴訟に関する特則」ができた。

少額訴訟は60万円以下の金銭の支払いを目的にする訴えで、簡易裁判所で行なわれ、原則たった1日で口頭弁論・判決まですむ。ただし控訴はできない。弁護士を頼まなくても訴えられるようになっており、最も身近で利用しやすい裁判だ。

少額訴訟にかかる手数料金は10万円までは1000円、20万円なら2000円と10万ごとに1000円ずつ増えていく。だから60万なら6000円。このほか、呼出状や判決文の送付などに使われる郵便切手代が約4000円ほど。これらの訴訟費用は裁判で負けたほうが負担するため、勝てば結果的に負担はゼロだ。

実際には、こんなケースがある。自分の大事な高級自転車に車をぶつけられ壊された。弁償を要求したが相手は「お前が急に飛び出したのが悪い」と言い張って払わない。そこで少額訴訟を起こし勝訴した。それでも相手は弁償金を払わなかった。しかし、裁判に勝訴しているので、国が強制執行という権力を行使し、相手の給料から天引きして弁償してもらうことができた。こうなると当然、相手側の会社にも事故のことが知れわたることになる。手続きは煩雑だが、どうしても腹にすえかねる案件ならば、利用してみては？

15

手紙を送った証拠を、公的に残すことはできない？

LAW

「内容証明郵便」とは、「いつ、誰が、誰に、どんな内容の文書を送ったのか」を郵便局が公的に証明してくれる郵便物。確かにその内容の文書を○○日に送ったという証明で、文書は2部コピーが必要だ。1部は印鑑を押して返してくれ、もう1部は郵便局に保管される。もとの文書は相手に送られる。こうしておけば万一、受け取り側が「そんな内容の手紙じゃなかった！」などと主張したときに、郵便局保管のコピーによって、その内容を証明することができるのだ。

内容証明の文書の大きさ、用紙などは原則自由で、自分で書くことも可能だ。自信がなければ行政書士などに頼むといい。通常、「内容証明郵便」は「配達証明」で送る。配達証明とは、配達した時点で受け取った人にいつ受け取ったかを確認してもらい、いつ相手が受け取ったかを差し出し人に証明するものだ。

通常の書留などの受取印は、どこでも手に入るものが多いので、相手方が「受け取っていない！」と主張した場合、受け取ったことを証明することは困難なのだ。だが内容証明や配達証明は「確かにその内容の書類を○○さんに○○日受け取ってもらいました」という証明を第三者が公的に証明してくれるわけだから、言い逃れはできなくなる。

これを送れば相手に対して、「確かに送っています」というメッセージとともに「次は法的処置をとります」という意思表示をすることにもなる。

また、今では24時間受けつけ可能な「電子内容証明サービス」もある。こちらは自宅からでも簡単にできる便利なサービスだ。メールで文書を郵便局に送り、郵便局から受取人へそのメールを送ってもらえる。

こちらのサイトから利用できる→http://enaiyo.post.japanpost.jp/mpt/

16

LAW

どうしたら、大家さんともめずに賃貸を退去できる？

江戸時代のアパート、「長屋」では、借主と貸主は、とても親しいことが多かった。「大家といえば『親』も同然、店子《たなこ》といえば『子』も同然」と、落語の枕でもよく言われる。店子たちは結婚するにも、旅行に行くにも、大家の許可がなければ行けなかったから、本当に親子同然だったのである。

現代ではふだん、ほとんどかかわることがない大家と店子がぶつかることになるのが、退去するとき。江戸時代にはなかった「原状回復義務」と「敷金」が問題になるからだ。原状回復とは、部屋を借りたときと同じ状態に戻すこと。借り主が大家に断りもなく室内を改築・改造した場合は、もとどおりにする義務が生じる。また改造まではいかなくても、襖《ふすま》を壊した、床に傷をつけたなどの場合、敷金から引かれたり、それ以上の賠償金を請求されることもある。

こういったトラブルを防ぐために、入居時には室内を写真に収めておこう。そうすれば退去時にどこが壊れたのか、どこを改造したのか証拠となる。

敷金トラブルの多くは、返金問題にある。民法316条によれば、原状復帰しなければならない損害がなく、家賃も不払いがない場合は、家主が敷金の返却を拒否するのは不当なのだ。

17 企業は、どうやってリストラのタイミングを決めているの？

LAW

職を奪うことは生活の糧《かて》を奪うこと。解雇は、労働者に与えるダメージが大きいために、「客観的に合理的な理由があり、社会通念上相当である場合」以外の解雇は無効になる。だから、リストラする必要に迫られるほど経営が危機にあり、人員削減がやむを得ないと考えられる場合に、解雇は認められるのだ。

役員報酬の減額、残業の見直し、アルバイト・新規社員の採用減、出向や配置転換、そして希望退職を募ったかどうか、家賃の安いビルに移転するなどの企業側の努力をしたかどうか？ これらの対策をしても、どうしても経営が立ちゆかないという場合に、リストラという手段に出ることになる。

リストラには、解雇する人の人選が、合理的で公平なものかどうかも問われる。最後に、リストラ対象者へ充分な説明をしたかどうかももちろん大切。

さてさて、いざ、解雇通知がきたらどうしよう？　まず、解雇通知は30日前までに通告しなければならないことになっているので、すぐにサインや捺印をしてはいけない。30日の間に、会社が前記のようなことを充分果たしたのかどうか調べてみよう。ひとりで戦わずに、労働基準監督署や法律の専門家に相談する必要もある。生活がかかっているのだから、じっくりことに当たろう。

LAW 18

「未払い給与」はどうしたら、取り戻せる？

「ずるずると、給与の遅配が続いて、なしくずし的に会社が倒産。過去3カ月分の給料も退職金ももらっていない。どうしたらいいの？」

通常、社員の賃金や退職金は、なによりも優先的に支払ってもらえることになっている。しかし会社が倒産した場合、他の債権者との奪い合いになるわけだから、確保するのは大変な労力がいる。

そのため、国が倒産した事業主に代わって立て替える「未払賃金の立て替え制度」がある。労働者は、退職する6カ月前からの未払い分を、立て替えてもらえる（倒産した会社に代わって国が払う）ことになる。

その場合、未払賃金の一定額（退職前6カ月間の定期賃金《月給のこと》、及び退職手当のうち、未払賃金総額又は限度額《年齢によって限度額は違う》のいずれか低い額の8割相当分）が支払われる。ボーナス分は支払われない。立て替えられる金額は、一部、例外もあるが、労災保険の資金から補われることになる。「労働者健康福祉機構」という独立行政法人がこの事業を行なっている。

ホームページはこちら→http://www.rofuku.go.jp/tabid/417/Default.aspx

LAW 19

「胎児」は遺産相続できる?

家族の誰かが亡くなったとき、悲しみに暮れながらも考えなければいけないのが、お金の問題。遺産を相続するときは、まず「遺留分」が考慮される。遺留分とは、故人が「この人に残したい」と遺言したもの。原則2分の1は保障される。

つまり、もし1億円の遺産を残した故人に愛人がいて、その愛人に「全財産を贈る」とあった場合、少なくとも5000万円は愛人がもらうことができるということ。そして残りの5000万円を、配偶者と子どもでわけることになる。

遺産分割は、相続人全員の協議で決めることもできる。愛人に1億円というの

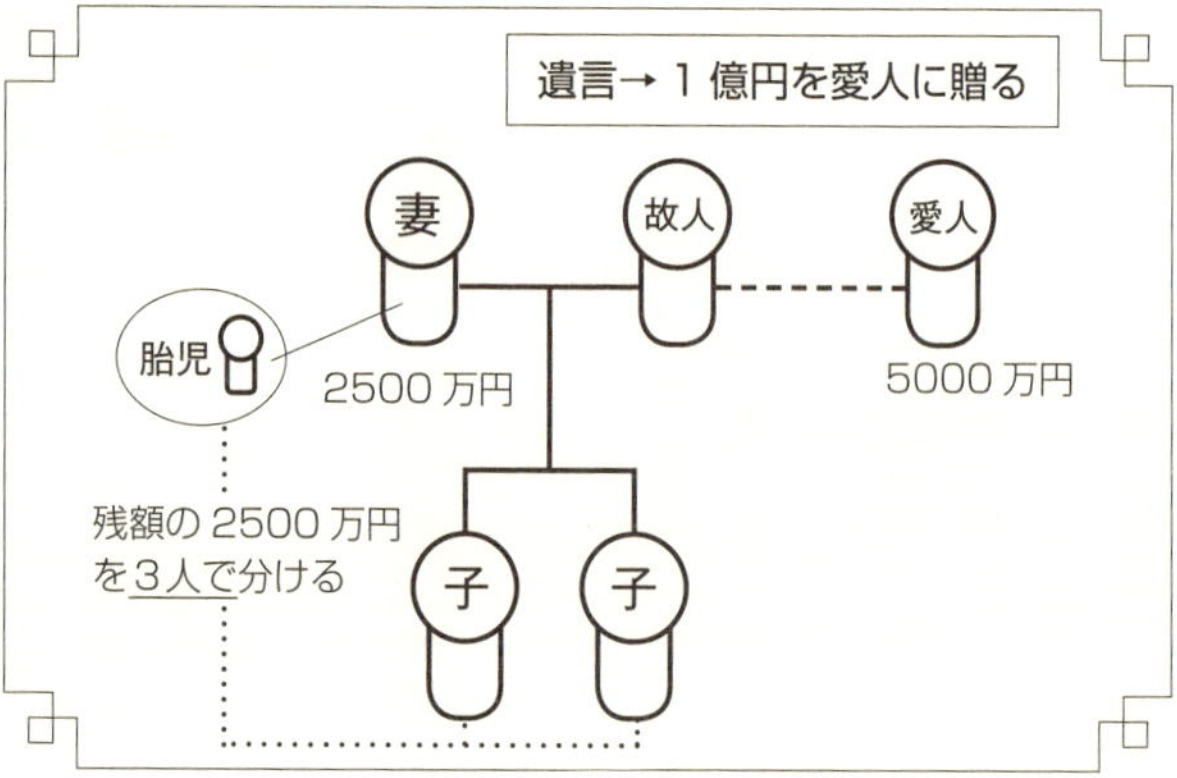

も、相続人全員が認めれば通るのだ。だが、ほとんどの場合協議されるのは、受け取る方法。不動産ではなく金銭で受け取りたいなど各々の希望を話し合い、全員の合意が得られたら、「遺産分割協議書」を作成し、全員の実印を押し、印鑑証明書を添付する。話し合いがうまくいかないときは、家庭裁判所で調停になる。

また遺産相続人には、胎児も含まれる。これは民法886条で、「胎児は、相続に関しては、すでに生まれたものとみなす」と保障されているからだ。配偶者のお腹に胎児がいる場合、すでに生まれている兄妹と同様に相続権はある。

20 「宝くじ」には税金がかからないって本当？

LAW

クイズで獲得した賞金の100万円、福引で当てたハワイ旅行、競馬で儲けたあぶく銭……これらはすべて「一時所得」と呼ばれ、税金がかかる。でもいったい、どのくらいの税金がかかるのだろう？

一時所得の金額が50万円以下なら、申告の必要はなく課税もされない。では100万円だったらどうだろう？　受け取った金額から必要経費と特別控除額50万円を引く。仮に必要経費として2万円かかったとするならば、

100万円－2万円－50万円＝48万円

となり、この48万円が一時所得の金額となる。課税の対象は一時所得の半分、24万円だ。その24万円を自分の給与所得に足して総所得額を出す。

会社からもらっている年収が500万円だったら、

500万円＋24万円＝524万円

となり、この524万円に対してその年の所得税が算出されることになる。

懸賞や賞金を得た場合は、税務署に申告しなければならないが、実際は申告しないケースが多い。税金を払いたくないし、申告しなくてもばれないだろうと考える人、あるいは単純に申告し忘れる人もいる。どちらにしても脱税、犯罪とみなされ、税金よりはるかに高い罰金を払うことになる可能性がある。一攫《いっかく》千金に浮かれてばかりでは、足元をすくわれてしまうかもしれない。

ちなみに、宝くじで当たった賞金には税金がかからない。**3億当選すれば、まるごとあなたのものになるのだ！** とてもお得な気がするが、なぜ払わなくていいのだろう？ **これは宝くじを購入したときにすでに、税金を払っているからだ。つまり当選金にかかる税金を、宝くじを買った人全員が平等に負担しているということ。** 毎年買っているけど当たらないというあなた、実はかなりの高額納税者かも？

第10章

CHILD

「親と子」の大事な雑学

なぜ男は子育てが苦手なのだろう？

CHILD

01

「騎士《ないと》」「祈愛《のあ》」……なぜ読めない名前が増えているの？

「騎士」「海」「星」「希星」「祈愛」「月」「空」……これは実際にある名前だが、なんと読むかおわかりだろうか？　正解は「ないと」「まりん」「きらら」「すばる」「のあ」「るな」「すかい」。**実は、名前の読み方は原則自由なので、極端な話「太郎」を「はなこ」と読んでもかまわないのだ。**

現代の親は、漫画やアニメ、ドラマの影響を受けやすい世代でもあるので、イメージや音の響きを重視する読みにくい名前が続出している。さらに国際的にも通用するようにと、外国語風の名前をつける親も増えている。

▼名前を変えることができる？

せっかくつけてもらった名前には、両親の愛がこもっている。しかし、どうしても変えたい場合、家庭裁判所に届け「正当な事由（理由）」があると判断されれば名前を変えることができる。**性同一性障害のため男性名を女性名にする、ということも認められるようになってきた。結婚によっておかしな姓名になってしまう人も認められるケースがある。**「マリ」さんが「水田」さんに嫁ぐ場合や「カヨ」さんが「大場」姓になるなどだ。

自分の名前が嫌いとか、姓名判断の結果が悪いといった理由では、認められないことが多いが、芸名やペンネームのような通称を作って、その名前で郵便物を届けてもらうことはできる。そういった、別の名前で生活しているという物的証拠を家庭裁判所に提出すれば、改名を認められることが多い。

02

なぜ男は子育てが苦手なのだろう?

CHILD

最近「イクメン」と呼ばれる、育児に積極的な男性が増えてきたが、そんなの海外ではとっくに当たり前のこと。動物界でも、父親が子育てを手伝う場合が少なくない。どの国でも子育ては女性がするもの、という意識は少なからずあるにしても、日本人は、とりわけその意識が強いようだ。

「うちの旦那、父親としての自覚がないのよね……」

という妻たちの嘆きは多い。しかし、なぜ日本の男性は父親としての意識に欠けている人が多いのだろう？

これは、ある意味で当然のこと。**女性は日々変化する体調などで妊娠していることを実感することができるが、夫は、ある日突然「子どもができた」と告げられ、父親にならなければならない。頭で理解はできる、しかし実感が伴わない！**

兄弟や親せきの子どもが生まれる経緯を、身近に見ていたことがあれば別だろうが、最近では出産や育児に接する機会がない夫婦が多い。女性は体の変化とともに、意識もどんどん母親としての準備を整えていくが、仕事にあけくれることが多い日本人男性は、すっかり、おいてけぼりをくらう。

そのため、子どもが生まれて初めて父親であることを自覚する男性が多く、中には言葉を覚えた我が子にパパと呼ばれるまで、自覚がなかったという人もいる。父親だという意識もないのに、子育てに協力しろといわれても、やはり戸惑う。

仕事で家を空ける時間が長ければなおさらだ。より早く「お父さん」になってもらうには、妻のほうから夫が子どもと接する時間を増やして、子どもから父として必要とされていることを実感させてあげることが大切。子育ての前に、子育てを手伝ってもらうための「パパ育て」から始める必要がありそうだ。

03

「胎教」で本当に天才が育つのだろうか？

CHILD

生まれくる我が子は、頭のいい子であってほしい。将来の選択肢も増えるし、豊かな人生を送れる可能性も高まるはず！

そんな思いを抱く親たちが積極的に行なう「胎教」。お腹の中にいる子に語りかけたり音楽を聞かせたりすると、天才が生まれるという。確かに、感受性が豊かになったり、優しい子になったりする傾向はあるようだが、胎教の効果は未だに不明な

部分が多く、必ずしも天才児が生まれるわけではない。

▼赤ちゃんは、お腹の中で胎教をどう感じているの？

胎教で聞かせる音よりも、母親の体調や精神面の変化のほうが、赤ちゃんに与える影響が大きい。なぜだろうか？

胎児は6カ月頃から聴覚が発達し、お腹の中の音や母親の声、外の音も聞こえるようになる。だから、母親が話しかけると反応して動くこともある。また、視覚は4カ月頃から発達し、8カ月頃には意識が生まれ、眠ったり起きたりしている。**だから妊娠中に夫とケンカをしたり、出産に強い不安を感じていたりすれば、胎児に伝わってしまう。強いストレスを感じていた母親から生まれた子どもは、先天的な障害があることが多いとアメリカの研究でもわかっている。**また、母親が悲しいときや落ち込んでいるときには胎児の動きが鈍り、逆に楽しい、嬉しいときは、胎児も元気に動くというデータもある。もちろん、見聞きしたことをきちんと理解しているわけではないが、母親の心拍数や、血液中のホルモンバランスが変わることで、胎児にも影響が出るのだ。**もし胎教をするならば、母親も周**

囲も楽しんで行なえるものがグッドだろう。胎児にどこまで作用するかはわからないが、せめてこれから生きていく場所が楽しい所であることだけは感じさせてあげたいなぁ。

04 才能がわかる「遺伝子テスト」ってどんなもの？

CHILD

子どもの才能を最大限に伸ばしてやりたいと思うのは、親なら当然のこと。そこで、0歳児の頃から〝英才教育〟をほどこす親が多くいるが、自分の子どもにどんな才能があるのかわからないままでは、子どもが将来不幸になるおそれもある。例えば、音楽の才能がないのにバイオリニストを目指す英才教育をしても、プロにはなれず、かといって、ほかの職業へ転身する気持ちの切り替えもできず、社会に適応できなくなってしまうこともある。

こういった問題を防ぐために、子どもにどんな才能があるかを調べる「遺伝子テスト」が生まれた。綿棒で頬の裏側の粘膜と唾液からDNAを採取し、それを検査機関に送るだけで、どんな才能があるのかわかってしまう。パソコンで「遺伝子テスト」と検索すれば、複数の代理店を選ぶことができ、料金も概ね6〜7万円で、ほとんど変わらない。

DNAの解析をするのは、上海バイオチップコーポレーションという中国の企業。子どもの潜在能力を調べるために、中国が国家的プロジェクトによって確立した技術だ。**調べることができるのは、知能、性格、運動能力、芸術的才能など。**運動能力なら、持久力、瞬発力などの優劣が4段階で評価される。

もちろんこれは、最低限の適正情報でしかない。同じDNAをもつ一卵双生児が、まったく違った人生を歩むこともあるように、後天的な環境や経験で人生は幾通りにも分岐しうる。**実際、天才と呼ばれる子どもと、普通の子どもとの遺伝子に、大きな違いはない。**子どもの頃に受けた「感動」が原体験となって、努力を重ね才能を開花させた人もいる。どんなものに興味を示し感動するのかを見極めて、その部分を伸ばしてやれば、天才が育つかもしれない。

05

なぜ、幼児の英才教育は意味がないのだろうか?

CHILD

まだ小学校にも進学していない子どもを、英会話教室などに通わせている家庭は多い。巷《ちまた》でも「3歳までに勉強させるべき!」などの教育論が飛び交っている。

しかし、こういった早期教育には、科学的根拠がないことをご存じだろうか?

幼いうちに勉強させるといいというのは、脳が6歳頃には、大人と同じ大きさにまで成長するからだ。しかし、脳が大きくなったからといって神経回路も発達しているという証拠はない。脳の神経回路は、運動や知覚の中枢を担う大脳皮質の神経細胞が刺激を受けることで発達し、脳そのものの大きさとは関係ないのだ。

それに、子どもは言葉や体の動かし方など、生きていくうえで欠かせない多くのことを、全身で学習し続けている。そこへ、あれもこれもと覚えさせようとすれば、幼い脳は、刺激でいっぱいになってしまう。小学校前に読み書きを覚えても、ほかの子たちだってすぐに追いついてくるし、難しい数学の公式を覚えても、意味がわからず使えない子もいる。覚えることと活用できることは別なのだ。

また精神分析学で、3歳頃までの経験による思考パターンがその人の性格の土台になることがわかっている。過度な期待から感じたプレッシャーや、その期待に応えられないことがコンプレックスとなり、物事を後ろ向きに考えがちな、打たれ弱い子になってしまうかもしれない。

逆に言えば、早い時期から勉強をはじめ、「新しいことを知ることや、できなかったことができるようになることが楽しい」と知ることができれば、あとは、子どもが自分で努力するようになる。運動、勉強、芸術……なんでも楽しませることができれば、天才児が育つ可能性は高いかも！

06

妊娠中に飲酒したら、どうなるのだろう？

CHILD

「夫婦ともども、酔っ払ってセックスしたときに妊娠した。胎児への影響はあるのでしょうか?」という質問を、医師はよく受けるそうだ。ほとんど影響はないと言っていいが、妊娠がわかった瞬間から飲酒はやめるべきだ。

妊娠中にアルコールを飲むと、胎盤を伝わって赤ちゃんにもアルコールが入る。つまり、お母さんが酔うと赤ちゃんも酔ってしまうのだ。**赤ちゃんは、まだ肝臓が未発達でアルコールを分解できず、毒を飲まされているのと同じ。**流産、早産のリスクを高めることになり、出産できたとしても、低体重や知的障害などの症状を伴う胎児アルコール症候群となる可能性が高まる。くれぐれも妊娠中や授乳中の飲酒は避けよう。

喫煙も同様だ。タバコのニコチンには血管を収縮させるはたらきがあるので、お母さんの血管を細くして赤ちゃんに充分な酸素を送れなくしてしまうのだ。その結果、流産、早産、低体重児出産のリスクが高まり、出産後にも子どもに影響が出る。乳幼児の突然死の原因のひとつは妊娠中の妊婦の喫煙だとされているし、成長しても身長が低かったり、学力が低下するといったデータもある。

07

CHILD

母乳の、どこがそんなにすごいのだろう?

現在、日本の母親は母乳のみで育てている人が約60パーセント、母乳中心にミルクで補助が27パーセント、ミルク中心に母乳で補助が14パーセント、そしてミルクのみが3パーセントと圧倒的に母乳を活用しているお母さんが多い。母乳には、人工栄養のミルクと比べて換えがたい利点が多くある。

まず栄養価。必要なすべての栄養素を含んだ食品を完全栄養食品と言うが、母乳はまさしくそれ。**母乳はもともと「血液」が変化したものだから、すべての栄養が含まれているのだ。**さらに、体温で温められているため、常に適温で赤ちゃんに与えられる。**授乳によって育児に前向きな気持ちになるようなホルモンが分泌されるから、母親も気分を落ち着かせることができる。**

乳幼児突然死症候群発生のリスクも、母乳を飲んでいる子どもに比べて、飲んでいない子どもは4・8倍も高い。これはミルクに問題があるのではなく、母乳に突然死を抑止する効果があるからだと考えられている。

また、産後1週間くらいの初乳《しょにゅう》は、特に多くの免疫成分が入っていて、新生児の喉や消化器官に殺菌力と免疫力を与える。**しかも、母乳は赤ちゃんの成長に合わせて、どんどん成分が変わっていく。**赤ちゃんが「今必要としているもの」が自然に与えられるように出てくるのだ。すごいね！

1回の授乳の中でも、内容が変わる。飲みはじめの頃は、勢いよくゴクゴク飲むので、胃に負担がかからないように脂肪濃度の低いものが出る。次第に脂肪濃度が濃くなって、赤ちゃんは満腹を感じて飲むのをやめる。無理なく飲みすぎを防止するのだ。飲みはじめと飲み終わりの脂肪濃度は、9倍も違う。

08

なぜ妊娠中にマグロを食べすぎてはいけないのだろう？

CHILD

妊娠中に必要なカロリーは、通常必要な2000キロカロリーに、500キロカロリーをプラスした2500キロカロリーとされている。「ふたり分食べなきゃいけないの！」などと食べすぎると、妊娠中毒症や難産になるだけで、いいことがない。**増える体重は7〜10kgまでに抑えよう。**出産後に減る体重は、赤ちゃんの体重と胎盤などを合わせて4kgほどだけなのだから。

妊娠中、特に多く摂取する必要があるのはカルシウム。通常600mgで足りるものが900mgと1・5倍も必要となる。12mgでよい鉄分は、20mg必要となる。葉酸は通常の2倍の400mgを摂取する必要がある。もちろん、食事から摂るのが理想だが、無理せずサプリメントも活用しよう。

飲み物は、コーヒーよりビタミンCが豊富にある緑茶がお勧め。しかしカフェインが鉄分の吸収を阻害するので、食後に1杯程度にしておこう。

ところで、大人には危険がなくても、胎児に悪影響があるとされている食品をご存じだろうか？　水銀濃度やダイオキシンの濃度が高い魚類だ。水銀は中枢神経に異常を起こし、ダイオキシンは奇形やがんの原因となる。水銀汚染の**危険性が高いのは、インドマグロ、本マグロ、メバチマグロ、メカジキ、金目ダイの順だ。ダイオキシンの濃度は、サバ、コハダ、ブリが多い。同じ魚でも、サケやカ**

ツオ、サンマなどの回遊魚は、あまり汚染物質が蓄積されず、比較的安全だ。

また、妊婦中に、薬や麻酔、レントゲンが心配だからと歯医者へ行かないで我慢している人がいるが、それは間違いだ。強い痛みは子宮収縮の原因となる。歯医者に妊娠中であることを告げ、早めに治療したほうがいい。

09

ひきつけを起こしたら、なにもしないほうがいいって本当？

CHILD

ひきつけとは、子どもが発作的に痙攣を起こす状態を指す。発熱の際や、激しく興奮した際に起こる。全身が硬直して手足が痙攣し、顔色が悪くなり、目はうつろに見開いたまま、といった激烈なもの。親がパニックになって、激しく揺さぶったりすることがあるが、かえって危険だ。また、舌を噛まないように割り箸やスプーンなどをくわえさせる人がいるが、吐いたものが気管をつまらせる場合があるので、やってはいけない。**衣服をゆるめてそっとしておこう。**吐いた場合は口を拭って顔を横向きにする。どのくらい続いたか時間を測り、熱も測っておこう。とにかく冷静に対応することが肝心だ。症状がすぐに収まれば心配はない。

もし「10分以上続く」「何度もひきつける」「ひきつけとともに吐く」「発作が治まっているのに意識が戻らない」「熱がないのにひきつける」といった症状があれば、脳炎やてんかんなどが原因かもしれないので、病院で検査を。

10

つわりは、なぜ起こるのだろう？

CHILD

テレビドラマや映画などで、「うっ！」と、いきなり女性が吐き気をもよおし、「ウソ、もしかして妊娠!?」とドキリとするのはお約束。

「つわり」とは、吐き気や疲労感、倦怠《けんたい》感など妊娠初期に覚える症状のこと。「匂いに敏感になる」「だるい」「便秘」「頭痛」「好き嫌いの変化」などだが、原因ははっきりとわかっていない。

つわりは、早い人で妊娠初期の5～6週から始まり、終わるのは胎盤が完成する16週頃。卵巣の黄体ホルモンから、胎盤で作られるホルモンに切り替わると治まると言われる。

つわりは精神面が大きく関係するので、栄養を気にしたり好きなものを我慢したりせず食べたいものを食べるようにしたほうがいい。周囲の人間は妊娠している女性を気づかって、ストレスを取り除いてやることが大切。本人も、生まれてくる赤ちゃんのことを考えて前向きでいれば、辛さもやわらぐだろう。

ところで、これまたドラマの定番に「想像妊娠」がある。これは、実際には妊娠していないのに月経が止まり、つわりが起こり、お腹がふくらみ、胎児の動きも感じられるという、妊娠とまったく同じ状態になる、摩訶不思議な現象だ。

極度に妊娠を望んだり、逆に、極度に妊娠を恐れたりすることによって起こるとされている。かつては子孫を残すために、早く子どもを産めという周囲のプレッシャーから想像妊娠になる女性がいたが、現在ではごくまれな症例となっている。医師などから「想像妊娠」であることが告げられると、妊娠の兆候は、またたくまに消える。人間の妄想力は、体をも変えるんだね。

11

お腹の中の赤ちゃんが、ちゃんと元気か知るには？

CHILD

出生前診断とは、胎児の異常を出産前に検査、判定すること。高齢出産などで先天異常のリスクが高い場合に行なうことが多い。

出生前診断の方法のひとつ、トリプル・マーカー・テストは、妊婦の血液を採取して胎児に異常があるかどうかを検査するテストだ。この検査はあくまでも染色体異常の可能性を見るためのもので、確実に胎児に異常が出るという診断ではない。この検査で可能性が高いと出た場合、さらに羊水検査を行なうことで、胎児の異常を確定することができるが、200~300人にひとりの割合で流産するリスクもある。

問題はここから。検査を受けた結果、ダウン症や二分脊椎症の子どもであるとわかった場合、産むのかどうか、選択をしなくてはならない。「子どもの将来を考えて中絶する」「授

かった命だから産む」——どちらの選択が正しいか答えられる人はいないだろう。しかし出生前診断を受けた親は、答えを出さなくてはならないのだ。そういう事態を避けるため、診断をしない人も多くいる。

12 「高齢出産」のリスクって、どんなことがあるの？

CHILD

女性が子どもを産める年齢にはリミットがある。そのため、古今東西の女性たちは、大いに悩み、選択をせまられてきた。日本産婦人科学会では、35歳以上で初めて出産することを高齢出産と定義している。妊娠女性のうち10〜15パーセントが流産する可能性があり、高齢出産となるとその確率は20パーセントにもなる。先天性異常の発症率も、25〜29歳では1・88パーセントなのが、35〜39歳では2・02パーセント、40歳以上では2・38パーセントと、年齢を重ねるほどに高くなっていく。また、高血圧、蛋白尿、むくみなどの症状が出る妊娠中毒症にもなりやすく、特に、高血圧は20代の妊婦と比べて1・8倍ものリスクがある。

このように高齢出産はマイナス面だけが強調されることが多いが、そもそも妊娠すること自体は、女性にとってはメリットのあることなのだ。妊娠中は、女性ホルモンが分泌されるため、肌はツヤツヤになり、体も若返る。手足も温かくなって精神的にも充実し、出産後も体調がよくなったと感じる人が多い。

でもキレイになるメリットなんて二の次。やはり〝新しい命を授かる喜び〟が、なににも増して一番大きい。特に高齢出産の場合、幾多の困難を乗り越えて子どもを得ることができ、精神面でも肉体面でも計り知れない喜びとなることが多い。まさに「授かりしもの」である。

13

夜泣きってなんだろう?

CHILD

「夜泣き」とは、生後2~3カ月から1歳半ぐらいの赤ちゃんが、お腹がすいたわけでも、おしめが濡れているわけでもないのに、夜中に突然泣きだすこと。**なぜ、赤ちゃんが夜泣きをするのかは、実はわかっていない。**人間は頭が起きていて体は寝ているレム睡眠と、体は起きていて頭は寝ているノンレム睡眠を一晩のうちで何度も繰り返すが、赤ちゃんの場合、そのシステムがまだうまく作動しないことが原因ではないか。あるいは、昼間に様々な刺激を受け、体験を脳に刻み込む最中に夢を見て泣くのではないか？　などと言われている。

赤ちゃんは不安や恐怖から泣いていると思われるので、安心させてやることが第一だ。抱っこして軽く揺らしながら声をかけよう。母乳やミルクでお腹がふくらむと寝つくこともある。温かいお茶や白湯を寝る前に用意しておくのも一案だ。

昼間、外へ連れ出して適度に疲れさせるのもいい。しかし刺激が強すぎたり、疲れすぎたりすると逆効果に。

どうしても泣きやまないときは、天候がよく寒くなければ、車に乗せて深夜のドライブをするのも効果的で、心地よい車の揺れが赤ちゃんを眠りへと誘ってくれる。ただし周囲が明るすぎたり騒音がひどい場所は避けよう。

14

赤ちゃんがピタリと泣きやむ音って、どんな音？

CHILD

テレビの放送が終わったあとのザーザーという〝砂嵐〟の雑音を聞かせると赤ちゃんが泣きやむことがある。胎内にいたとき聞いていた母親の心音に似ているので、安心するようだ。しかし赤ちゃんにも個性があるので、すべての赤ちゃんが〝砂嵐〟の音で泣きやむわけではない。我が子がどんな音で泣きやむのか、これは研究の価値がありそうだ。**ある赤ちゃんは、スーパーのレジ袋をこすり合わせる音で泣きやみ、掃除機やドライヤーの音で泣きやむ子もいる。**

いい音が見つかったら、携帯などに録音しておけば、もしものときも安心だ。**音で泣きやませるときのコツは、赤ちゃんが小さく泣いているときは小さな音を、大声で泣いているときは大きな音を聞かせること。**実際の母体内の音をダウンロードできるサイトやCD、ぬいぐるみも販売している。インターネットで「体内音」と検索すると必要な情報を得ることができる。

15

本当に正しい？ジイジ、バアバの子育て法

CHILD

子育て支援をする団体がアンケートを実施したところ、祖父母に育児参加をしてほしいと回答した親は99パーセントにもなり、育児に参加したいと思っている祖父母は80パーセントを超える。

親としては、育児の負担が軽減でき、祖父母は孫と接することで生きがいを感じられる。双方の利益はめでたく一致♪　しかし！　問題がないわけではない。

祖父母と親世代では、〝育児の常識〟が違うがために、思わぬトラブルもある。

例えば、祖父母世代では離乳は1歳がメドとされたが、今では12～18カ月と幅をもたせ、子どもの成長ペースに合わせる。また、かつては「抱き癖」がつくので、ねだられても抱かないほうがいいと言われたが、今はたくさん抱いてやったほうが子どもに安心感を与え、自立を促すと言われる。おやつに関しても食物アレルギーが増加しているために、食べさせていいもの、悪いものが変わってきて

いるが、知らずに乳幼児には危険なハチミツなどを与えてしまうことも多い。

いくら身内でも世代間の考え方のギャップは、そう簡単には埋まらない。だから祖父母が育児参加をするときは「育児の主体はあくまでも親」という原則を守れるかどうかが重要になる。時代が変われば子育てだって変わる。そのことを祖父母世代が認識できるように、「孫育て」のための講座も、非営利団体や日本助産師会によって開かれている。親も祖父母もストレスを感じることなく、よりよい環境で子育てができるよう、常に双方とも努力と歩みよりが必要なのだ。

16

なぜ幼児にハチミツは、いけないのだろう？

CHILD

乳児を持つお母さんたちが話していたこと。

「ハチミツって、ビタミンやミネラルが豊富で美容にも健康にも最高ね」

「そうよねぇ～。だから私、この子にハチミツをたっぷりあげてるの」

「えっ！　そんなことしたら、赤ちゃんが死んじゃうわ！」

これはいったい、どういうことだろう？　実は、天然のハチミツには、ハチの体内にあるボツリヌス菌が混入している場合があるから、１歳未満の乳幼児には絶対に与えてはいけないのだ。

ボツリヌス菌は、ボツリヌストキシンという毒素を生成し、天然の毒の中では一番強力。１ｇで１００万人を殺傷できると言われ、青酸カリが１ｇで５人程度の殺傷能力だから、いかに毒性が強いかわかる。乳児が中毒になると、便秘など消化器系の症状が出て、続いて全身脱力が起き首の据わりが悪くなる。最悪の場合は死に至るが、すぐに病院で適切な処置を行なえば、助かる確率は高い。

ハチミツが危険なのは１歳未満の乳児だけで、妊娠中の女性や授乳中の女性が食べてもまったく問題はない。乳児の場合、まだ腸内細菌が少なく消化器官が未発達なため、中毒が起こるのだ。

またヨーロッパの土壌にはボツリヌス菌が多いため、輸入物のコーン・シロップ（とうもろこしが原料のシロップ）や野菜スープなども飲ませてはいけない。

17

なぜ産後6カ月までにダイエットしないとやせないの？

CHILD

妊娠中に増えた体重が戻りやすいのは産後6カ月まで。**妊娠中についた脂肪は、流動性で水分が多く、燃焼しやすいのだ。**ただし、ダイエットを始めるのは産後1カ月してから。体調がすぐれない場合は、医師に相談するのがいいだろう。

産後のダイエットは食事制限ではなく運動を中心に。特に母乳育児の人は、大量のカロリーを消費するし、食事制限によって母乳が出にくくなる可能性もあるので、バランスの取れた栄養が不可欠だ。育児にかなりの体力を使ううえ、食事制限のイライラが育児に悪影響を及ぼすこともある。

妊娠中に太りすぎないようにと、エレベーターやエスカレーターを使わないようにしている人がいる。**しかし、上りで階段を使うのはいいが、下りはなるべくエスカレーターやエレベーターを使うようにしよう。**妊婦は急激な体重の増加で転びやすく、特に下り階段は転倒による流産の危険があるからだ。

妊娠中の運動なら、マタニティスイミングがお勧め。膝や腰、関節などに負担をかけずに、たっぷりカロリーを消費できる。

産後は下半身が太ることが多いが、その原因の多くは骨盤の歪みだ。出産時に骨盤が開くので、内臓が下がってぽっこりお腹になってしまうのだ。便秘や腰痛の原因ともなるので、骨盤の周囲の筋肉を鍛える体操やストレッチを行なって歪みを解消しよう。骨盤矯正ベルトやサポーターを使うのもお勧めだ。赤ちゃんを連れての散歩で、少し早歩きするだけでも効果がある。

18 子どもがいじめられていないか、さりげなくチェックするには？

CHILD

もし自分の子どもがいじめられていたら、どう対処したらいいのだろう？

肝心なのは、いじめの兆候を発見すること。**「服が汚れている」「持ち物に落書きがしてある」「妹や弟、ペットをいじめる」「家の金を持ち出す」「遅刻、早退**

が増える」などが挙げられる。落書きの場合、見えにくい所にされていることが多いので、注意深く見ることが必要だ。妹や弟、ペットをいじめるのは、自分より弱いものをいじめて精神のバランスをとろうとする心理の表れである。また家の金を持ち出すのは、恐喝されているからだと思っていい。

そのほかにも、いじめられている子どもは「学校の話をしようとすると、機嫌が悪くなる」「服や靴を親に隠れて自分で洗う」「学校に行ったふりをして休む」「友だちのことを話さなくなる」「すぐに謝る」「不自然に明るくふるまう」などの行動を起こしやすい。

こうした兆候が見つかったら、問題を家庭だけで抱えないで学校や地域社会と協力して解決するようにしなければならない。いじめを解決するには、根気強い愛情が不可欠で、また生活環境の見直しも必要になってくる。まずは、いじめを発見することが最重要だ。

第11章

MONEY

「お金」を守って増やす得雑学

口座をほうっておくと、お金を没収されるって本当？

01

MONEY

お給料はいくら？　みんなが知らない、意外と稼げる職業

「職業に貴賎はない」と言うけれど、収入面では大いに差があるのは事実。

大手銀行の平均年収（ボーナスは含まない）は約８００万円。役員も窓口も営業も含めての平均なので、上級職の方々の懐はさぞ暖かいことだろう。これでも不況にあおられて、ここ数年は減額気味。それに比べてコンビニエンスストアの店長の年収は、約６００万円。コストを削って売上を上げても８００万円は遠い。

日本の給与所得者のうち、年収１０００万円を超えるのは弁護士や医師、パイロット、大学教授などの職業に就く男女合わせて約5パーセント。**男性だけなら7パーセント、女性は契約社員やパート層が多いためか、なんと1パーセントだ。**

世間にはあまり知られていない高給取りもいる。「ひな鑑別師」という、鶏のひなが雄か雌かを判定する職業があり、１羽４円の報酬だが、１時間に１０００羽以上鑑別するベテランのひな鑑別師は年収１０００万円以上！　競馬の調教師

や、バスの運転手も意外とお給料が高い。あとは、新聞社やテレビ局、農家などで、1000万円稼ぐ人もいる。だが、だいたいこういう人たちって、稼いだ金で遊ぶ間もなく仕事をしてるイメージが……。

公務員は民間に比べるとやはり給与水準は高い。警察官は813万円、公立の高校教師は776万円、公立の小中学校教師は742万円、消防士は717万円。これらは学歴も年齢も分けていない平均年収だから、交番勤務の警察官はもっと低いだろうし、エリート街道をすすむキャリア警官はもっと高いだろう。

02 給料が高い会社、ボーナスが高い会社、どっちがいい？

MONEY

「生涯賃金」という言葉を聞いたことがあるだろうか？　生涯賃金とは給与のほかにボーナスや退職金も含めた賃金だ。その会社に新卒で入社し、定年まで働いたとして算出される。

年収の一番高い所が生涯賃金も一番じゃないの？　……これが違うのだ。**平均年収はボーナスや手当を含めず、給与だけで算出する。**この平均年収が高いのに生涯賃金は他企業のほうが上、ということは、給与ではないボーナスなどの賞与が、あまり多くないということだ。それよりは年収は少し劣るけどボーナスの額が大きいほうが喜びもひとしおというもの。

ちなみに、2012年、最も生涯賃金が高いのは金融業界、投信・投資顧問だ（DODA調べ）。ただ、これからの景気状況でコロコロ変わってしまう大まかなデータでもある。あくまでも、参考に。

MONEY

03 数ある資格。どれが一番「就職に役立つ」のだろう？

就職や転職を有利にするために資格を取るなら「どんな資格を企業が求めているか」を知らなければならない。業界、職種を問わず通用する、オールマイティーな資格もある。まだ将来が決まらない学生などは、これを押さえておくだけで、どの業界にもアピールできる。

まずは「パソコン」の資格。その中でも権威がある資格が「マイクロソフトオフィススペシャリスト（MOS）」だ。この資格はオフィス実務に不可欠な「ワード」「エクセル」「パワーポイント」などが扱えるかどうかを検定するもの。特にパソコンが苦手と思われがちな中高年の人や、女性には必須の資格だろう。

ＭＯＳのレベルは２段階あり、スペシャリストは普段仕事で使うのに困らない程度の知識と技術を問われる。エキスパートは、エクセルなら「マクロを作成する」など、より高度な機能を使いこなせるかを問われ、マニアックな問題も出題される。パソコンを普段から使っている人であれば、少し勉強するだけでエキスパートレベルも合格できるから、力試しも兼ねて挑戦してみてもいいだろう。

次にやはり「英語」の資格。今、英語の資格で一番企業に評価されやすいのは「TOEIC®」だ。もちろん日本英語検定でも１級、準１級を持っていれば大変有効だが、「ＴＯＥＩＣ」の場合、点数そのものが評価になるため、その人の英語力がわかりやすいという利点がある。英検は国内のものだが、ＴＯＥＩＣは海外でも行なわれているので他国の人と比べることもできる。

ただ、近年ではＴＯＥＩＣは英語ができない人を判断する基準になりつつある。

大手企業の一部では、９９０点中９００点以上が採用の目安。今や、英語はペラペラ話せるのが普通になっているのだ。

MONEY 04

社長やセレブだからって、もてなしすぎじゃない？　なんで？

ドラマなどでよくいる、〝金持ちの客に絶対逆らわず、ごまをする店員〟。一流ホテルでわがまま放題のセレブたちに、あそこまで尽くすのはなぜ？　だったら普通の客のために動いたほうが、ロスが少ない気がするんだけど……。

そんなふうに考えている人がいたら、それは間違い。企業にとって、わがままでもお得意様をきちんともてなすことこそ、利益に直結するのだ。

イタリアの経済学者ヴィルフレド・パレート（１８４８～１９２３年）は、「経

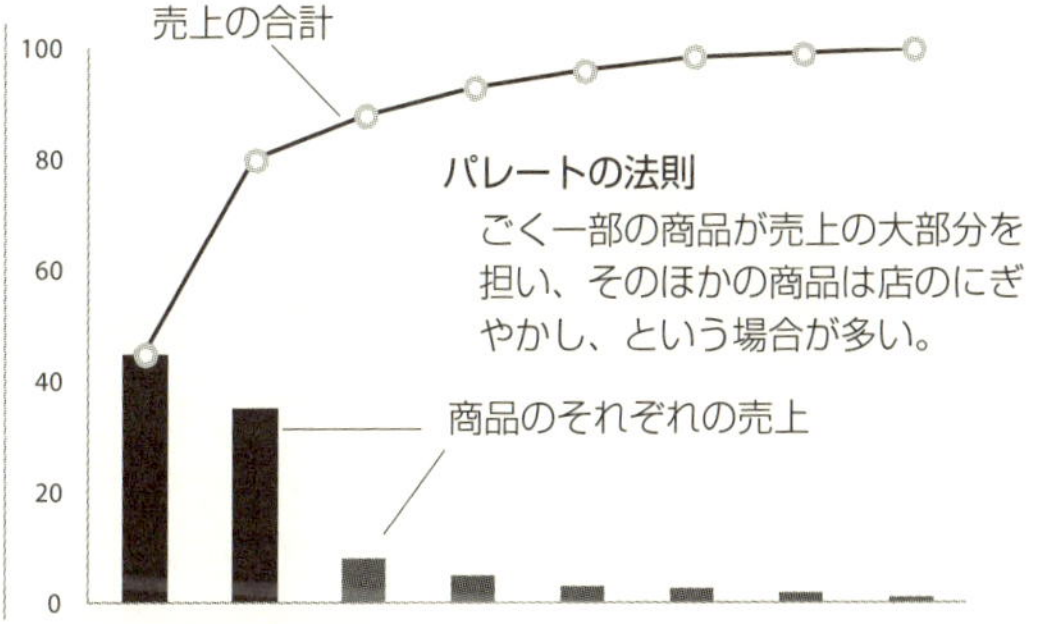

済において、全体の約8割は、全体を構成する要素の約2割が生み出している」という説を唱えた。「80対20の法則」とも言われる「パレートの法則」は経済だけでなく、自然界や社会現象でも当てはまることが多い。

具体的には「売上の8割は、全顧客の2割が生み出している」「商品の売上の8割は、全商品のアイテムのうちの2割で生み出している」「売上の8割は、全従業員のうちの2割が生み出している」というもの。この法則があなたの会社でも当てはまっているとしたら、売上の8割を生み出している2割の商品に力を注ぐのが重要だということになる。すべての顧客を納得させるより、2割の顧客を大喜びさせるほうが効率がいい。

カジノはこの法則を大いに活用しており、大金を賭けるＶＩＰはホテル代や食事代がタダになるだけでなく、海外の自宅まで飛行機で送迎してもらえる場合もある。「上客へのサービスは当たり前のこと」なのだ。

05

もしリストラされたら、次の仕事が見つかるまでの生活、どうしたらいい？

MONEY

もしも失業してしまったら、「次の職が見つかるまでの間、収入なしというのは不安だし、そんな状況では落ち着いて就職活動もできない！　しかし仕事がなければ金がもらえない!!」という悪循環を断ち切る雇用保険給付金が、強い味方となってくれる。**アルバイトやパートでも条件によっては保険に入ることができ、厚生労働省職業安定局、いわゆるハローワークで手続きをすれば、給付金を受け取れる。**

雇用保険は国の保険制度であり、労働者を雇う事業は強制的に適用される。保険料は月給によって算出され、30万円の月給で１８００円程度。事業者の負担分もあるので働く人にとっては有利だ。もし事業者側が加入の手続きをしていなかったり、保険料の支払いを怠ったりしていても、労働者は手当てを受けることができるが、その場合最高で2年間分の保険しか受けられない。もし自分の会社が怪しいと思ったら、ハローワークの窓口にいけば確認できる。

雇用保険の支給額は、会社を辞める直前の6カ月間の給与の合計（ボーナスを除く）が算出の基準になる。**だから辞める前は、目いっぱい残業をすれば、それだけ多くもらえることになる。**離職票には退職理由が書かれるが、これが「自己都合」だと、3カ月間、保険が支給されない。リストラなどではなく自分の意思で辞めるなら、それなりに蓄えておかなければならないということだ。

「離職理由に解雇なんて書かれたくない……リストラだなんてバレたら再就職できなさそうだし、自己都合にしておこう」

という人がわりといる。しかしそれは不要な心配で、個人情報である離職理由をハローワークが他人に教えることはないし、もちろん次の就職先への紹介状にも記載されない。あなたの退社理由を知るには、直接あなたから聞くか、前の会社に問い合わせるしかないのだ。**リストラなどの解雇は、あなたには責任のない**

会社の都合によるものだから、自己都合よりも手厚い保障を受けられることも多い。就職に不利そうだなんてイメージだけで自己都合にしてしまったらもったいない。給与から天引きされるから実感はないかもしれないが、自分で払ってきた保険料なのだから、きっちり受け取ろう！　もちろん、退社する際には円満にね。

06

MONEY

夢の田舎暮らしを成功させる秘訣は？

きれいな空気、豊かな自然。時間や仕事に追われず、畑で野菜でも作りながらのんびり田園ライフ……都内に住む50代の約3割が、農業をやってみたいと思っているというアンケート結果がある。

各地方自治体でも、少子高齢化対策や地方活性化のために、田舎暮らしを希望する人たちに助成金や補助金を出したり、破格の家賃で不動産物件を斡旋したりしてくれる所も増えている。一例を挙げると、富山県氷見《ひみ》市では、定住促進のために、市外からの転入者でマイホームを建てる人に対して、最高50万円の助成金を出している。また、北海道初山別《しょさんべつ》村では、定住を希望する人が住宅を建築する際に、450万円まで無利子で貸し付けてくれるし、広島県神石高原町では農業を始める人に月額10万円が支援金として支給される（2013年1月現在）。こういったサポートが、まったく違った田舎生活を始めることに、不安のある人たちを後押ししているのだ。

田舎暮らしの落とし穴とは？

田舎暮らしに失敗する人も少なくない。農業は決して楽な仕事ではないからだ。朝は早いし、田畑の世話なら収穫期でない時期は多少は暇になるが、家畜は毎日餌やりなどがあるため、休みはほとんどない。力仕事も多く、何時間も屈みっぱなしの畑仕事は、全身に負担がかかる。地元の人々とうまくつき合えずに挫折するケースもある。それでも素敵な田舎暮らしに惹かれる！　という方、以下のような点を確認してみてはどうだろう。

□その土地が本当に好きか。

□目的がはっきりしているか。
□自然が好きか。
□地元の高齢者を尊敬できるか。
□その土地の習慣を尊重でき、行事に積極的に参加できるか。

住みたいと思っている場所と自分との相性が、田舎暮らしを成功させるカギだ。

MONEY 07

関東地方と関西地方では、賃貸の仕組みが違うって本当?

「いつか、絶対に東京でひとり暮らしするんだ!」

と夢見る若者があとを絶たないが、東京暮らしも楽じゃない。**総務省の統計によると東京の「家賃」の平均額は全国で最も高く、最も低い愛媛県との差はなんと約3倍!** 全国の五大都市(東京、大阪、名古屋、福岡、札幌)の同じような条件のワンルームマンションで家賃を調べた結果、一番高かったのはやはり東京

（港区）で12万4000円、名古屋（東区）や大阪（西区）はその半額以下でそれぞれ6万2000〜6万7000円、5万〜8万4000円だった。札幌（中央区）は3万4000円と格段に安い。月に12万円の家賃なんて、学生や新社会人にはなかなか払えるものではない。

実際、都内でひとり暮らしをしている学生、特に仕送りをもらわずバイト代だけで生計を立てている場合は、4畳半、風呂・トイレ共用など条件の低めな賃貸を借りていることが多い。年頃の女子にはキツイだろう。

敷金や礼金も地方によって大きく違う。敷金は、借りた人の過失などによる部屋の修繕費として使われるので、大きな傷をつけなければ、部屋を出るときに戻ってくる。礼金は大家さんへ払う謝礼になるので基本的に返ってこない。そのため、敷金ありでも礼金なしの賃貸を探すという人も少なくない。札幌では礼金なし・敷金は家賃の2カ月分といった契約が多い。関西では敷金を保証金と表現することが多く、**特に大阪は保証金の金額が大きいことで有名。**家賃5〜10カ月分の所が多いが、昭和の頃はなんと、敷金20カ月の部屋もあったらしい！

08 なぜ、コンマ数パーセントの金利の差を、そこまで気にするべきなの？

MONEY

お金を借りるときに最も大切なのが「金利」。金利のことをしっかり考えておかないと元金どころか利子も払えなくなり、多重債務の地獄が待ち構えている。

住宅ローンの場合、変動金利や10年固定金利、30年固定金利などがあり、銀行によって金利が大きく違う。２０１２年度の場合、30年固定金利を例に挙げると、ある銀行が２・４パーセントであるのに、別の銀行では２・８５パーセント。３０００万円を借りた場合、金利２・４パーセントだと総返済額は４０００万円以上！　利子だけで１０００万円も払うのだ。２・８５パーセントなら、さらに２５０万円ほど多く返済することになる。たった０・４パーセントの差で、ちょっとした海外旅行に行けるだけの額が消えてしまう。

これは、各金融機関の資金調達にかかるコストの差だ。経費がかさめば、その分利率が上がる。また、夜逃げ、自己破産などで貸し倒れが発生すれば、ほかの

3000万円を30年固定金利で借りた場合

金利	2.4パーセント	2.85パーセント
月ごとの返済額	11万6892円	12万4067円
1年間の返済額	140万3784円	148万8804円
返済総額	4211万3477円	4466万3893円

人の利子で賄うことになる。だから審査が厳しい所は金利が低く、審査が簡単で借りやすい所は金利が高いのだ。

▼どこで借りたらいい？

どうしても借金をしなければならない場合は、まず公的な機関から借りることを考えよう。「社会福祉協議会」という団体が国の委託で生活福祉資金貸付を行なっており、様々な条件はあるが、保証人を立てれば無利子でお金を貸してくれる。保証人がいない場合でも年利1・5パーセントだ。

家賃を滞納してアパートを追い出された人には敷金や礼金のために40万円まで貸してくれる制度もある。あなたも、いざというときは頼るといい。

生活福祉資金貸付制度の条件に合わなくて、一般の銀行や消費者金融で借りることになったとする。「でも借金って怖いし……」という不安が拭えない人は多い。そこで銀行や消費者金融は、「無利息」を掲げて初めての人でも借りやすいようにし、不安を取り除き、ローンなどの仕組みを知ってもらおうとしている。この「無利息」は、期間中に返済すれば、という条件であることが多いので、期日内に返せば問題ないだろう。

09

口座をほうっておくと、預金を没収されるって本当？

MONEY

何も悪いことをしていないのに、自分の郵便貯金が全額没収されてしまう！

そんなことが実際に起こりうる。家を建てるために貯めていた３０００万円が、老後の蓄えの５０００万円が、いつの間にか、跡形もなくなってしまうのだ！

これは民営化前の郵便貯金法29条にある規定が、未だに形を変えて生き残っていて、「最後の取扱い又は期間満了日の翌日から20年間、取扱いがない場合に催告書を発送し、催告書の発送の日から２カ月間貯金の払戻しがない場合に権利消滅することになる」となっている。催告書は口座の持ち主が引っ越しなどの理由で受け取れなかったとしても関係なく、本当に何の連絡もなしに預金が口座ごと消えていたという事態がありうるのだ。

では銀行などの金融機関はどうなのだろう？　もし商行為、つまりなんらかの商売でできた債権（利益）と認定されれば、たったの5年間で没収！　しかし、多くの銀行がこの期間を民法上の10年と定めていて、預金者に連絡を取る努力をしている。預けていれば安心と過信し、預けっぱなしはいけないのだ。積立やへそくり、ほったらかしていないだろうか？

10 アマチュア写真でも、お小遣いが稼げるって本当？

MONEY

自分で撮った写真がお金になるという、写真が趣味の人にはうってつけの副業がある。アマチュアの写真でも「構図がちゃんとしている」「ピントが合っている」という条件を満たせば、あなたが撮った写真を、販売してくれる企業があるのだ。こうして集められた写真は「ストックフォト」と呼ばれている。

誰が写真を買うのかというと、広告をデザインする会社や、書籍制作などに携わる会社。こういった業界では必要な写真を撮影する費用や時間がない場合に、すでに撮影された写真の中から使用目的に合った写真を選んで使う。今まではプロが撮影した写真だけをストックして、その版権を売る会社ばかりだったが、デジタルカメラの普及とともに、カメラの性能が飛躍的に向上したため、アマチュアの写真でも商品として流通するようになった。利用する側にとっても、アマチュアの写真は価格が安いので大いに助かるというわけ。

報酬はだいたい販売価格の20~70パーセント。**特に海外の写真は、撮りに行く手間を省きたいときに使えるので人気がある。**海外旅行と写真が趣味の人の副業にはピッタリだ。なにより自分が撮った写真が評価されて値段がつく。しかも本になることもあるなんて、アマチュア冥利《みょうり》に尽きる！　登録も写真の掲載も無料なので、腕に自信がおありなら投稿してみてはいかが？

11

水道代。同じ公共料金なのに、なぜ10倍も差があるの？

MONEY

一般家庭の水道料金が一番高い所は、群馬県長野原町。10立方メートル当たり3413円、つまり1リットルの水が34・13円だ。一方、山梨県富士河口湖町は10立方メートル当たり335円で、なんとその差10倍。水道の場合は水道を引くための設備や維持費がかかるので、仕方がない面もある。

しかし、国民健康保険の金額まで全国一律ではないのはなぜだろう？　**国民健康保険は、おのおのの市町村が運営し、金額の計算法にも地域によって裁量が異なるからこのような格差が出るのだ。**都道府県別で最も保険料（医療給付費分＋後期高齢者支援金分）が高いのは群馬県で、1世帯あたりの年平均額が17万5265円。最も低いのは10万5319円の沖縄県だ。各市町村で比較すると地域格差はさらに拡大する。ひとり当たりの保険料が最も高い所は、北海道猿払村で13万5188円、最も低い沖縄県伊平屋村の2万8132円との差は4・8倍！

電気代は10社の電力会社の料金比較で見ると、沖縄や北海道、関西地方が割と高めだが、そこまでの大差ではない。多くの家庭で使われているプロパンガスの料金も、世帯ごとに料金設定が違うのでどこが高いとは言いにくい。契約の際、うまくやれば値切れるんだとか。「ガス代ってこんなにするのね……」なんてため息ついてるあなた、それ、交渉の余地あるかも。

12 東京と沖縄、どちらが生活しやすい？（最低賃金と物価の話）

MONEY

東京都の最低賃金は時給837円で全国でトップ、一番低いのは沖縄県などの時給645円で、その差は1時間に192円。1日8時間、月に20日間働いたとして、収入が3万円も変わるのだ。だが、たくさん稼げれば、それだけゆとりのある生活ができるというのは、ちょっと考えが甘いかも。実は、沖縄のほうが物価が安い。全国の物価の平均を100としたとき、東京は108・5、沖縄は

91・9。東京で100円のものが沖縄なら85円くらいで買えるのだ。

同じように最低賃金を換算して比較してみると、東京を100としたときに沖縄は約77。**だから、同じ時間だけ働いて、同じものを買ったとき、東京に住む人より沖縄に住む人のほうが、手元に残るお金が多いことがわかる。**

お金はかかるけど華やかな都心か、利便性は欠けるけど生活には多少ゆとりがある沖縄か……あなたはどっち？

13 副業なのに月収20万も稼げる「せどり」ってなんだろう？

MONEY

「せどり」という職業をご存じだろうか？　漢字では「競取り」「背取り」と書く。**掘り出し物を安く買い、高く売って利ざやを稼ぐことで、もともとは古本屋の用語だった。**「背取り」の「背」は本の背表紙を意味しているのだ。江戸時代からある商売だが、最近になって注目されることもあった。「せどり」が活躍するようになったのは古本チェーン店が登場したためだ。

通常古本屋は、本の希少価値などを吟味して価格をつけるが、チェーン店などでは買取の際に希少価値があるかどうかなどは厳密には考慮されない。店員が本を鑑定できるほど知識をもっていないからだ。文庫本、単行本、新書、コミックなどによって基準が違うが、原則として書き込みがないか、破れていないかなどの物理的な条件で買取価格、販売価格が決まる。貴重な専門書だからといって高い値段がつくわけではないのだ。だから安価で売られている稀少本を見つければ、簡単に儲けが出る。つまりは、「宝さがし」がお仕事なのだ。

インターネットの普及も「せどり」を商売として定着させた要素のひとつだ。ネット・オークションで、素人でも様々なものを販売できるからだ。

目利きの人は、月に20万円以上も稼いでいる。どんな本が高く売買されているかはネットで調べればわかるので、まったくの素人でも参入できる。105円の古本を100冊買っても1万円だからリスクも少ない。最初は小遣い稼ぎから始めて、次第にどんなものが高く売れるのかわかるようになり、副業化していく人が多いようだ。

14 宝くじ、競馬、パチンコ……一番儲かるのは？

MONEY

一攫千金を狙うなら、ギャンブルは魅力的だ。しかし、どのギャンブルが一番儲かる可能性があるのだろう？　そのひとつの指標となるのが〝客に対する払い戻し率〟だ。これは総売上のうち、何パーセントが客に払い戻されるかを示したもの。まず競馬、競輪、競艇、オートレースの公営ギャンブルは、競馬は74・1パーセント、競輪が75・0パーセント、競艇が74・8パーセント、オートレースが74・8パーセント。どれも75パーセント程度で大差がない。

では宝くじはどうだろう？　なんと45・7パーセントと極端に低い（払戻金の時効を含めているため、法律の規定より低くなっている場合もある）。サッカーくじも、49・6パーセントと、宝くじと同じくらい低い。これはつまり、売上の半分は宝くじ協会の利益になるということ。**一方、パチンコの払い戻し率は85〜90パーセントとかなり高い。**海外のカジノでは95パーセント以上が多い。では、パチンコやカジノが儲かるかというと、一概にそうとも言えない。破産、夜逃げなど悲惨な話が多いのは、逆に払い戻し率の大きいカジノで、宝くじのせいで借金地獄！　という話は聞いたことがない。そこがギャンブルの不思議だ。

15 どうして、金《きん》の価値は下がらないの？

MONEY

昔から戦争や恐慌で不況になると、金を買う人が増える。なぜだろう？

金の価値は株のように暴落することも、インフレで紙くずになる心配もない。世界共通で、どの時代でも価値のあるものだから、資産として最適な形なのだ。

ところで、なぜ金の価値は安定しているのだろう？　実は金は、これまでの産出量を全部合わせても15万トンほどしかない。だいたい50ｍプール3杯分。**つまり、ほかの金属よりだんぜん希少価値があるから、無価値になったり価格が変動することが少ないのだ。**　また、古代から権力者たちを魅了してきた輝きが力や権威の象徴となっていること、人工的には作れないことも価値を安定させている。

金は毎年２５００トン程度採掘されており、携帯電話や電子機器などから約１５００トンがリサイクルされているので、合計で約４０００トンが毎年生産されていることになる。しかし埋蔵量には限界があって、残り約４万トンしか残されていないという。このペースだと、あと16年で金は掘りつくされることになる。希少価値が薄れることもないから、金は安全資産と言われるのだ。現金や株以外にも金貯蓄という選択肢をもてば、あなたの資産の安全性を高めることができる。

16 「老後に必要な資金」は最低いくら？

MONEY

老後にかかるお金って、実際のところ、どのくらい貯めておけば安心なの？

本当に年金だけじゃ足りないの？

定年退職したあとの夫婦ふたりの家庭では、平均で月額27・5万円の支出がある。しかし、会社員だった人の年金収入は平均22～23万円。ということは、毎月5万円程度の赤字だ。自営業の場合は年金の支給額が少ないので、もっと深刻。そう、退職金と年金だけでは豊かな老後は送れないのだ。**仮に65歳で定年退職し、月5万円の赤字を出しながら85歳まで生きるとしたら、最低でも1200万円は貯蓄がないと困ってしまうということ。**

就職してから40年間働けるとして、1200万円を貯めるには、毎年30万円を預貯金に回さなければならない。いつか持ち家がほしいな、なんて思っているなら、さらに貯金したい額は増える。子どもができたり親を介護したり、自分が怪我をしたり、思わぬ出費も多々あるだろう。となると1200万円って果てしなく遠い……。年金の支給額が少ない！　と問題になるわけだ。日本では40代になって焦り出す人も多く、世界的にも老後の備えに対する意識が低いのだ。

しかしこれは、奥さんが専業主婦だった場合。共働きであれば、貯金もふたりで分担できるし、年金もふたり分もらえるのだ。意外と心配ないかも？

17

どうしたら相続税が、もっと安くなる?

MONEY

ウチは一般家庭だし、相続するような財産もないと思っている人もいるが、資産の多い少ないにかかわらず、相続の手続きは、必ずしなくてはならない。相続税の計算は複雑だが、単純に言ってしまえば、1億円の資産があっても借金が1億円あれば相続税はゼロになる。

例えば、1億円の土地を資産として持っている人が1億円借金をしてアパートを建てれば、その人は家賃収入を得ることができるうえ、相続税はゼロになるのだ。具体的には土地を担保にして、銀行からお金を借りるのである。

もちろん借金には利息がつきものだし、アパート経営がうまくいかなければ、担保の土地は取り上げられてしまう。資金繰りで借金を重ねて破綻することもある。普通はできるだけ支払額を抑えて資産を手元に残すために行なう。

税理士や弁護士に任せて資産をごっそりもっていかれた、ということもあるから要注意。少しでも知識を身につけておくと、リスクを避けられるようになる。

18

MONEY

ブログ・ライターって、儲かるの？

ブログ・ライターは、自分のブログに商品などの紹介をするだけでお金がもらえる職業だ。**200字程度の宣伝文を自分のブログに載せるだけで100円ほどの収入が得られる。**ネットで調べればブログ・ライターを募集しているサイトは数多く、自分の好きなジャンルの記事を選べば、200字くらい簡単に書ける。記事は当たり前の内容でいいし、技術はそう必要ない。数をこなせば月に万単位で稼げ、単価の高い案件を選べばそれだけ収入もアップ。5万円以上稼いでる人もいる。もしブログを開設していなくても、無料で開設できるからリスクもコストもない。通常はノルマもなく、通勤や待ち時間などのスキマ時間でお金が稼げる。文書を書くのが好きな人にはお勧めの副業だろう。

第12章

LANGUAGE

間違いだらけの「日本語」の雑学

なぜ寿司屋で「おあいそして！」は嫌味になるの？

LANGUAGE

01 「一姫二太郎」は、3人兄妹？

「一姫二太郎」を「女の子がひとりで男の子がふたりの3人兄妹が理想的だ」と解釈している人が増えているが、これは間違った用法だ。

正しい意味は「最初に女の子が生まれて、2番目に男の子が生まれるのが理想的である」。「太郎」は長男という意味なので、男の子がふたりという意味であれば「太郎次郎」とでも言わなければならないのだ。

ではなぜ、女の子が先に生まれ、次に男の子が生まれるのがいいのだろう？実は統計的に見て、女の子のほうが病気にかかりにくく事故にも遭いにくいので、育てやすいのだ。最初に育てやすい女の子が生まれてくれれば、育児初心者の親でも楽に育児に慣れることができ、2番目に生まれた男の子もうまく育てられるという子育ての経験則からきた言葉なのだ。

02

「破天荒な人」って、どんな人？

LANGUAGE

「彼の人生は破天荒だった」と言うと、「波乱万丈」「豪快で型破り」という意味と思われがちだが、実は全然違う。「破天荒」は「破」や「荒」という字のイメージから「豪快で大胆なこと」だと誤解されやすいが、そういう意味ではない。唐の時代、荊州《けいしゅう》（中国、現在の湖北省《こほくしょう》）では、科挙（昔の中国の官吏登用試験）の合格者が１００年以上の間、まったく出なかった。人々はこの状態を天荒と呼んだ。天荒とは凶作、または凶作で雑草が生い茂る未開拓の荒地を示す。その後、劉蛻《りゅうぜい》という男が見事、科挙に合格し、人々は劉蛻が、天荒を破ったと褒めたたえる。**ここから「今まで誰も成し得なかったことを初めてすること」を「破天荒」というようになった。**

最新の文化庁の調査では破天荒の意味を「豪快で大胆な様子」と誤って答えた人が全体の64・2％で、正解した人の16・9％を大きく上回っていた。

用例を挙げると、「山中伸弥教授が作り出したｉＰＳ細胞は、再生医療に破天荒な結果を残すだろう」との使い方が正しい。破天荒はまだ本来の意味のほうが優勢だが、間違って使う人が多くなり、しかもその間違った意味のまま会話が成立するようになると、新たな意味がつけ加わる言葉もある。「新しい」が本来の「あらたしい」という読み方を失ったのと同じだ。誤用が定着するか淘汰されるかは、時代の言語感覚で決まる。

03

「ジンクス」って、どんなことが起こるときなの？

LANGUAGE

「この契約はうまくいくよ。僕には木曜日の商談はうまくいくというジンクスがあるんだ」。そんな営業マンの会話が隣席から聞こえてきたが、この用法は間違っている。**ジンクスという言葉は、〝いい意味〟では使わない。**

これは、「ＪＩＮＸ」という英語で、もとはギリシア語のキツツキの一種を指す。

このキツツキは首が１８０度回り、その様子が不気味で不吉だったため、転じて「縁起の悪い言い伝え」の意味になった。

日本に古くから伝わる「下駄の鼻緒が切れると悪いことが起こる」などのことを「ジンクス」と言うのだ。プロ野球では「２年目のジンクス」が有名で、初年度活躍した選手は２年目は活躍しないと言われている。

「大統領の呪い」も有名なジンクスで、最後に０がつく年に選出されたアメリカ合衆国大統領は任期をまっとうできないという。事実、１８４０年から１９６０年まで、リンカーンやケネディなど７人の大統領が任期中に死亡している。

同じような意味の日本語に「縁起担ぎ」「験《げん》担ぎ」という言葉がある。ジンクスは縁起が悪いときに使う言葉だが、これらは縁起がいいほうにも悪いほうにも使える。「験担ぎに、受験のとき五角形の鉛筆を使う」（五角形＝合格の語呂合わせ）などと使う。

04

「完璧」の「ぺキ」って、どういう意味なの？

LANGUAGE

「完璧」と書く人が多くいる。「完全な壁」という意味だと誤解して、音が同じである「かべ」のほうを書いてしまうのだ。正しくは「完璧」で、「璧」は「宝」という意味で、下が土ではなく玉だ。**すなわち〝完璧〟とは、完全な宝石という意味なのだ。**この言葉は中国の故事成語のひとつ。

昔、和《か》氏という男が趙《ちょう》の王に宝石の原石を献上した。ところが、これをただの石と見なされ、和氏は左足を切断されてしまう。次の王にもこの原石を献上するが、今度は右足も切断される。それでも懲りずに3人目の王に献上したとき、王が石を磨いてみた。すると素晴らしい宝石になり、この宝石は「和氏《かし》の璧《へき》」と呼ばれた。それは平らな輪の形をした宝石で、傷ひとつなく非の打ち所がなかったため、ここから「完璧」という言葉が生まれた。

強国、秦の国王は、その「和氏の璧」がほしくてたまらず、15の城と交換を申し出る。趙の家臣がこの宝を秦に持っていったが、秦の昭王は宝石を手にすると城の話をしなくなった。昭王が城と交換するつもりがないことを悟った家臣は「実は一点だけ、この宝石には傷があるのです」と嘘をついて宝石を奪い返し、命懸けで宝を趙に持ち帰ったというほどで、ますます「和氏の璧」は名を馳《は》せる。

そこから転じて、「非の打ち所のない」ものを指す言葉となった。

由来を知れば「壁」を「璧」とは間違えることはないよね。

05

なぜ「煮詰まる」の使い方で年代がわかるの？

LANGUAGE

「煮詰まる」という言葉をどういう意味で使うかによって、その人の年齢がわかる。**「議論が行き詰って結論がでない状態」という意味で使っている人は10～30代の人。逆に「議論が充分になされて結論が近く出そうな状態」と考えている人は、おおむね50～60代だろう。**もちろん後者が正しい意味。まったく反対の意味で使われるようになった言葉の好例と言えるだろう。

文化庁の調査では、正しい意味を知っている人が56・7パーセント、誤った意味で覚えている人が37・3パーセントだった。２０００年頃から誤用が広がりはじめ、特に10~30代の世代では7割前後が逆の意味で使っている。40代でようやく正解と誤答が半々になり、50~60代では7割以上の人が正解している。この言葉は料理から出た言葉で、煮えて水分がなくなり料理が完成に近づくという意味なので、「議論が充分になされて結論が近く出そうな状態」であることは明白。にもかかわらず、このような誤用が広まったのは「煮詰まる」の「詰まる」は「熟す」という意味合いなのに、「どうにもならない様」と誤解され、それが定着してしまったのである。煮詰まったあと焦がしてしまった料理を想像し、「どうしようもない」と考える人も少なくないことが、誤用を広めたのかもしれない。

正しい用例としては、「議論がいよいよ煮詰まり、法案として国会に提出されることが確実になった」など。しかし最近の辞書には行き詰まったという意味も載っており、一概に間違っているとも言えなくなってしまった言葉である。

06

「こちらでよろしかったでしょうか」……間違いはどこ？

LANGUAGE

コンビニやファミリーレストランなどでよく聞く、バイト敬語と呼ばれる言葉づかいがある。オーダー品を客に運ぶときの「こちら、Aランチセットでよろしかったでしょうか？」などの言い方だ。「こちら、Aランチセットでございます」でいいのに、「よろしい」をつけ、さらに過去形にして「よろしかった」と言う。こう言ったほうが、より丁寧だと勘違いしバイトの先輩から後輩へと代々伝わる。

また会計時に、「5000円からお預かりします」と「から」をつけるのもバイト敬語だ。**「5000円お預かりします」が正しく、「から」は必要ない。**

「和風、フレンチ、サウザンアイランドがございますが、ドレッシングのほうはなににになさいますか」という言い方も横行している。**「ドレッシングはなににになさいますか」でいいのに、「のほう」をつけ足す。**中には電話でデリバリーの注文を受ける際に「お名前様を頂戴してよろしいでしょうか」と名前に「様」をつけるという、とんでもない店員もいる。ここまでバカ丁寧に言われると、逆にバカにされているのではないかと不快に感じる人も多いのでは？

コミュニケーション能力が未熟な若者たちが、身を守るために自力で編みだした敬語表現だが、耳になじんでしまえば、本来の日本語がそうであったかのような錯覚を招くから困ったものだ。

07

LANGUAGE

「おっとり刀」は慌て者？

「時間に余裕があったのでおっとり刀で家を出た」。これは、「おっとり刀」を「ゆっくりと」という意味で使っているが、実は誤り。本来の意味は逆になる。

「おっとり刀」とは「急な知らせを聞いて準備もせずに急いで駆けつける様子」を表す言葉で、それを「ゆっくりと出かける」と誤解している人が多いのは、「おっとり」という言葉のせいだろう。**本来は「武士が火急のときに刀を腰に差**

す余裕もなく手に取ったままの状態」を言い、「おっとり刀で駆けつける」などと使う。「製品の不具合が発見され彼は納品先の会社に行くために、おっとり刀で新幹線に飛び乗った」などと使うのが正しい。

ちなみに、発音するために言葉の一部が変化することを、音便《おんびん》と言う。「書きて」が「書いて」に変化するイ音便、「美しくて」が「美しゅうて」に変化するウ音便、「飛びて」が「飛んで」に変化する撥《はつ》音便、「走りて」が「走って」に変化する促音便《そくおんびん》の4つの種類。「おっとり」は「押し取り」が変化した促音便だ。

08

LANGUAGE

「犬も歩けば棒に当たる」よく使う言葉の本当の意味は?

本来の意味と真逆になった言葉がある。「駅前で食品サンプルを配っていたわ。犬も歩けば棒に当たるね」と使う人がいるが、**このことわざは、本来「でしゃばると思わぬ災難に出会う」という意味。**しかしのちに、「とにかく行動してみれば思わぬ幸運に出会う」という意味が加わり、今ではどちらの意味で用いても正しいとされている。街頭アンケートで「海老で鯛を釣る」ということわざの意味を調査したところ、「元手や労力をかけたのに少しの利益しか得られなかった」と答えた人が多かったそうだ。**本来の意味は、「わずかな元手や労力で、大きな利益を得ることのたとえ」だったが、海老が鯛よりも高級感があると思う人が増えたため、このような意味の変化が生じたと考えられている。**

日本とアメリカでまったく逆の意味になったことわざもある。「転がる石に苔《こけ》むさず」ということわざを、日本では「一箇所に腰を落ち着けないで転々としていると、結局なにも身につかない」と解釈する。

ところがアメリカの「A rolling stone gathers no moss（転がる石に苔はつかない）」は、「常に新しいことに挑戦する姿勢が大事だ」という意味で、同じ所に留まっていると苔が生えて駄目になるという戒め。ロックバンドのThe Rolling Stonesはもちろん、アメリカ版の精神でこの名がつけられた。「苔」の価値をどう捉えるかで、この言葉の示す哲学も変わるのだ。

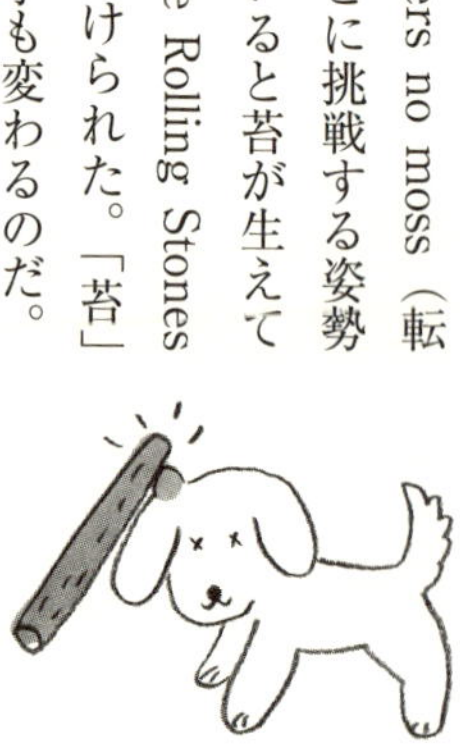

09

寿司屋で「おあいそして！」はなぜ嫌味になる？

LANGUAGE

寿司屋などで「お愛想、お願いします」という人がいるが、これは失礼だ。「お愛想」とは、もともと今よりずっと寿司の値段が高かった明治時代に、寿司屋で勘定する際、店側の人間が、「こんな高い金額で愛想がなくて申し訳ない」「こんなに高くては愛想尽かしをされそうですが」という気持ちを込めて『お愛想がなくて申し訳ありません』といい添えて勘定書きを差し出したことに由来する。**つまり「お愛想」は、店側の符丁《ふちょう》（ある種の暗号）で「勘定」を意味するので、客が使うのはおかしいのだ。**昔ながらの職人には「お愛想」と客に言われると「値段が高いわりには、まずい寿司だった」という嫌味に受け取る人もいる。

寿司屋の符丁で一般にも知られているのは、醤油をその色からムラサキ、箸をお手元、玉子焼きを玉《ぎょく》など。シャリは白米のことで、仏陀の遺骨を舎利と言うが、その舎利が白い米に似ていることからそう呼ぶようになった。サビはワサビのこと、あがりは寿司を食べ終わって最後に飲むお茶のこと、ガリは生姜の甘酢漬けで、噛むとガリガリと音がすることからこう呼ばれる。通ぶって符丁を使う人がいるが、生半可な知識で使うと意味が通らないので、知ったかぶりはほどほどに。

10

「食指が動く」の由来は?

LANGUAGE

「食指が動く」とは「物をほしがる、関心をもつ」という意味だが、食指とはどの指のことなのだろう? **正解は人差し指。**古代の中国にこんな逸話がある。

鄭《てい》の国の子公が霊公を訪ねようとしていたとき、食指(人差し指)がピクピク動いた。子公は側の者に「この指が動くときは必ずご馳走にありつける」と言った。そして、霊公の家では大きなスッポンを料理していた。しかし食指のことを聞いた霊公は意地悪をして、わざとスッポンを食べさせまいとしたため、子公も意地になって「食指が動いた以上、絶対にご馳走にありつくつもりだ」と鍋に人差し指を入れてスッポンのスープを舐めて宮殿を飛び出す。

このときから両者に確執が生まれる。霊公は「あんな無礼者は殺してしまえ」と命じたが、子公は逆に「殺される前に殺してしまおう」と霊公を攻め立てて命と国を奪う。この話から「食指が動く」とは「食欲が起こる」意味となり、転じて、物をほしがったり、関心をもったりする」という意味となった。

11 LANGUAGE

「帝王切開」も「まごの手」も、誤解から生まれた？

帝王切開とは、通常の出産が困難なときに腹部を切開して胎児を取り出すことを言う。しかし、なぜ「帝王」なのだろう？　実はこれは、誤訳から生まれた言葉なのだ。**「帝王切開」は「切る」という意味のラテン語「CAESAREA」をドイツ語に翻訳するときに「CAESER」としたために、ローマ皇帝シーザー（カエサル）「CAESAR」と混同されたため**で、そこからシーザー自身が帝王切開で生まれたという作り話が生まれ、「帝王切開の語源はシーザーが帝王切開で生まれてきたから」との尾ヒレがついた。

ちなみに、中国では占星術で皇帝の誕生日を決めて、母子の状態に関係なくその日に手術をしたのが語源だという説もあるが、「帝王切開」は中国由来の言葉ではないということは、はっきりしているので、この説は間違いである。

また、背中を掻《か》く長い棒、「孫の手」も誤解から生まれた言葉だ。**本来は「麻《ま》姑《こ》の手」といった。**古代中国に麻姑という美しい女性がいて、彼女は、長く鋭い爪をもち、背中を掻くのが上手だったという。そこから背中を掻く棒を「麻姑」というようになり、日本に伝わったとき「孫の手」と誤って伝えられたのだ。

12 上司に「ご承知ください」は、承知されない!?

LANGUAGE

社内での一斉メールで「忘年会の開始時間が変更になりましたので、ご承知おきください」などと送信する人がいる。しかし「承知」という言葉は元来、謙譲語だ。「承知いたしました」など自分に使うのはいいが、「ご承知ください」「ご承知おきください」などと相手に言うのは不適切だ。そもそも謙譲語の「承知」に、尊敬語の「ご」をつけるのが誤りなのだ。

「承知」の尊敬語である「了承」または「諒承」という言葉を使うのが正しい。

意味は「事情を汲んで納得すること」だ。「忘年会の開始時間が変更になりましたので、ご了承ください」とすれば、不快に受け取られることもない。

13

いろは歌の暗号とは？

LANGUAGE

ひらがな47文字を覚えやすくするため、47文字すべてをただ一度だけ使い、意味のある歌に仕立てた「いろは歌」は、漢字を混ぜて書くとこうなる。「色は匂へど散りぬるを　我が世誰ぞ　常ならむ　有為の奥山今日越えて　浅き夢見じ酔ひもせず」。この歌の意味は、「世の中にあるすべてのものは無常でいつかは消え去ってしまう。花は素晴らしい匂いを漂わせるけれども、やがては散ってしまうのと同じように。私の人生もほかの誰かの人生も、どうして永遠であろうか、いやありはしない。私は様々な人間の煩悩の深い山を今日越えて悟りを開いていく。欲望の夢などもう見るまい。甘い幻想に酔うことも、もうすまい」となる。

これは仏教の悟りの境地を詠んだ、技をこらした素晴らしいものだ。

このいろは歌には、暗号が隠されているとも言われる。7文字ずつで切ると、

いろはにほへ**と**
ちりぬるをわ**か**
よたれそつね**な**
らむうゐのお**く**
やまけふこえ**て**
あさきゆめみ**し**
ゑひもせ**す**

最後の文字をつなぎ合わせ、右から左に読むと「とかなくてしす」。昔は濁点

をつけなかったため、「か」は「が」とも読める。**つまり「罪（とが）無くて死す」となり、「自分は罪を犯していない、無実なのに死ぬ」という意味にとれるのだ。**

いったいこの歌を作った人物は誰だったのか？　いろは歌が作られた6世紀前後は、読み書きができるのは、貴族でもごく限られていた時代だ。しかもこれだけの趣向を凝らすことができるのだから、作者はとんでもない学識をそなえた貴人だとわかる。

無実の罪をきせられ殺された貴人が歌に真実を託したのか……、歴史ロマンミステリーの想像をもかき立てられる奥深い歌である。

14

なぜ還暦に「赤いちゃんちゃんこ」なの？

LANGUAGE

還暦は数え年（生まれた年を1歳として）で61歳のことを言う。昔の人は、生まれた年を十干（甲・乙・丙・丁・戊・己・庚・辛・壬・癸）と十二支（子・丑・

寅・卯・辰・巳・午・未・申・酉・戌・亥）を組み合わせて表していた。**61年目に一巡して戻るため「暦が還る」という意味で還暦と呼ばれているのだ。**

では還暦祝いに〝赤いちゃんちゃんこ〟を着たり、赤い頭巾を被ったりするのはなぜだろう？　昔は、赤ちゃんの産着に赤い色を使う習慣があった。赤には魔除けの効果があると思われていたからだ。神社の鳥居が赤く塗られているのも同じ理由。つまり、還暦は暦が一巡して赤ちゃんに戻るから、「赤」を身につける習慣ができたのだ。

70歳は「古希《こき》」という。これは古代中国の詩人、杜甫《とほ》の詩の中に、「人生七十古来稀なり（人が70歳まで生きることは昔から滅多にないことだ）」とあることから来ている。77歳は「喜寿《きじゅ》」と呼ばれている。これは「喜」という字の草書体が七十七と読めることからそう呼ぶのだ。88歳は「米寿《べいじゅ》」。米という字を分解すると八十八になるから。90歳は「傘寿《さんじゅ》」。「傘」の略字「仐」が九十と読めることから。99歳は「白寿《はくじゅ》」。百の字から上の棒を1本取ると「白」になるからだ。

▼参考文献

『あなたと家族を守る家庭防災思考』田村修・著（東京経済）／『自然災害と防災の事典』京都大学防災研究所・監修（丸善出版）／『大地震そのときどうする』山村武彦・著（五月書房）／『危険な食品』郡司篤孝・著（三一書房）／『安全な食品の選び方・食べ方事典』田島真、佐藤達夫・著（成美堂出版）／『あなたの資産 ここを変えればもっとふやせる！』長尾数馬・著（実業之日本社）／『図解 資産運用を読む事典』角川総一・著（東洋経済新報社）／『医薬にたよらない健康法』渡辺正・著（農山漁村文化協会）／『お医者さんが話せない間違いだらけの健康常識』米山公啓・著（永岡書店）／『生きていくのが上手な人下手な人―自分を知るための心理学』加藤諦三・著（光文社）／『FBI捜査官が教える「第一印象」の心理学』ジョー・ナヴァロ、トニ・シアラ・ポインター・著（河出書房新社）／『面白いほどよくわかる！心理学の本』渋谷昌三・著（西東社）／『ある日突然、警察に呼び出されたら、どうする・どうなる』石原豊昭、國部徹・著（明日香出版社）／『教えて！お金の法律―慰謝料ガッポリいただきます！』猫no法律事務所・編（講談社）／『いちばんわかりやすい妊娠と出産―丈夫な子をはぐくむ10か月の過ごしかた』井上裕美、池上明・監修（成美堂出版）／『育児と保育のあいだ―子育ての知恵に学ぶ』荒井洌・著（川島書店）／『現代の人材形成―能力開発をさぐる』小池和男・著（ミネルヴァ書房）／『今すぐ人生を変える簡単な六つの方法』レバナ・シェル ブドラ・著（求龍堂）／『国際情勢 メディアが出さないほんとうの話』田中宇・著（PHP研究所）／『最新世界各国要覧』東京書籍編集部・編（東京書籍）／『故事成語ことわざ事典』石田博・著（雄山閣出版）／『日本語どっち⁉』北原保雄・著（金の星社）／『暮しに生きる日本のしきたり』丹野顕・著（講談社）／『図解版 常識として知っておきたい日本のしきたり』武光誠・監修（廣済堂出版）

本書は、本文庫のために書き下ろされたものです。

ついつい誰《だれ》かに話《はな》したくなる雑学読本《ざつがくどくほん》

編著　なるほど！探究倶楽部（なるほどたんきゅうくらぶ）
発行者　押鐘太陽
発行所　株式会社三笠書房
〒102-0072 東京都千代田区飯田橋3-3-1
電話　03-5226-5734（営業部）03-5226-5731（編集部）
http://www.mikasashobo.co.jp
印刷　誠宏印刷
製本　宮田製本

 ISBN978-4-8379-6669-2 C0136

王様文庫

王様文庫

眠れないほどおもしろい「聖書」の謎

並木伸一郎

『聖書』がわかれば、世界がわかる！　＊どうして人間は〝原罪〟を背負ってしまった？　＊ユダヤ人が〝選民思想〟を持つ理由　＊ヴァチカンも公認する〝エクソシスト〟の秘密……etc.　人類史上最大のベストセラー、これを読まずに生きていてはもったいない！

眠れないほど面白い都市伝説

並木伸一郎

ＵＦＯがオバマ大統領に警告⁉　＊マイケル・ジャクソンは生きている？　＊筑波の森を徘徊する溶解人間……etc.　荒唐無稽？　でも、本当かも⁉　「衝撃の噂＆情報」が満載！　信じるか信じないかは自由。でも……何が起きても、責任はとれません！

眠れないほどおもしろい雑学の本

Ｊ・アカンバーク
野中浩一［訳］

あくびはなぜ伝染するの？　人間はなぜ眠らなければならないの？　この素朴な質問に答えられますか？　わかっているつもりが、じつは知らないことがたくさん。まわりの身近な「不思議」な疑問に答えた、楽しくなる雑学読本。今夜、あなたはもう眠れない……。

K30249

王様文庫

眠れないほど面白い『古事記』

由良弥生

意外な展開の連続で目が離せない！「大人の神話集」！●【天上界 vs. 地上界】出雲の神々が立てた〝お色気大作戦〟●【恐妻家】嫉妬深い妻から逃れようと〝家出した〟神様●【日本版シンデレラ】牛飼いに身をやつした皇子たちの成功物語……読み始めたらもう、やめられない！

大人もぞっとする【初版】グリム童話

由良弥生

まだ知らないあなたへ――「メルヘン」の裏にある真実と謎●魔女（実母？）に食い殺されそうになったグレーテルの反撃……【ヘンゼルとグレーテル】●シンデレラが隠していた恐ろしい「正体」……【灰かぶり】●少女が狼に寄せるほのかな恋心……【赤ずきん】……ほか全9話！

世界史の謎がおもしろいほどわかる本

「歴史ミステリー」倶楽部

聖書の中に隠された預言、テンプル騎士団の財宝の行方、ケネディ大統領暗殺事件、ストーンサークルなど、世界史の謎は尽きることがない。本書では、歴史的大事件の裏側や、謎の古代遺跡に隠された驚くべき真実に迫る。

K30261

王様文庫

面白すぎて時間を忘れる心理テスト

中嶋真澄

一つ、テストに答えるごとに、目からウロコの診断が続々！　コンプレックス、世渡り上手度、二重人格度、サバイバル能力……今まで隠していた「秘密」が暴かれてしまうかも！一人でも、恋人・友人・家族と一緒でも、時間を忘れるほど楽しめる本！

読むだけでねこ背が治って心も体も強くなる！

小池義孝

Ａｍａｚｏｎ家庭医学・健康部門1位！　本当に一瞬で変わると大反響！　時間もお金もトレーニングも不要、自分でカンタンにできる骨格矯正。しかも「体力アップ」「美容にいい」「肩こり・腰痛解消」「歩くのが速くラクになる」など、いいことドッサリ。一生得する知識です。

あなたの人生が変わる奇跡の授業

比田井和孝
比田井美恵

「泣きながら読みました！」感動の声、続々！　この本は、長野県のある専門学校で、今も実際に行われている熱血授業を、話し言葉もそのままに臨場感たっぷりに書き留めたもの。ディズニーに学ぶ「おもてなしの心」など、このたった一度の授業が、人生を大きく変えます。

K30259